龍谷叢書 XXII

# 英語ジョークの研究

## 関連性理論による分析

### 東森　勲

開拓社

# まえがき

　筆者とジョークの出会いは，英和辞書『プラクティカル・ジーニアス英和辞典』(＝以下 PG) 作成のときであり，例文としてジョークをたくさん収集したが，そのほとんどが和訳しにくい，説明が複雑であるという理由で，不採用となった．これを機に，科学研究助成費を申請して「関連性理論によるジョークと笑いの分析：音声的類似性から命題形式の類似性まで」と題して4年間 (2005-2008) ジョークを本格的に研究してみた．本書はその研究成果の一部である．東森勲・吉村あき子 (2003)『関連性理論の新展開』(研究社) において，[笑いの分析：ジョーク] と題して，筆者はおもに関連性理論の推意 (implicature) に基づくジョーク分析を試みた．英語のジョークには，このような推意には基づかない種類のものも多くある．関連性理論とは Dan Sperber と Deirdre Wilson の共著 (1986, $1995^2$) により提案された認知語用論 (cognitive pragmatics) で，聞き手がいかに話し手により言われた発話を頭の中で解釈するかを説明する「心の理論 (theory of mind)」である．

　本書ではそのすべてを網羅できないが，日本人英語学習者が理解できて笑えるジョークのデータを独自に収集し，頭がよくなるようなジョーク例文を用いて，できるだけ分かりやすく説明を試みた．おもしろく笑えて，さらに少し頭がよくなれば幸いである．複雑な理論化とか用語などはできるだけ避けるように試みたが，関連性理論についての基本的な考え方も少しは理解できれば幸いである．

　筆者と関連性理論の出会いはアメリカ言語学会 (LSA) の 1983 Linguistic Institute (アメリカ，カリフォルニア大学ロスアンゼルス校 (UCLA) で開催された) の pragmatics の授業であった．そこで Deirdre Wilson 教授の授業を受けて (1986 年に関連性理論の本が出版されるが，その授業ではその本のゲラが出回っていた)，筆者が初めて関連性理論を用いた論文を書いたのもこの時であり，Wilson 先生がとてもていねいにコメントしてくれて，有り難かった．さらに，1990 年 4 月から 1 年間イギリスのロンドン大学ユニバーシティ・コリッジ・ロンドン (UCL) に Visiting scholar として滞在し，Deirdre

Wilson 先生，Robyn Carston などの授業を受け，多くの Relevance People (Tomoko Matsui, Keiko Tanaka, Reiko Itani, Vladimir Zegarac, Maria Jodlowiec, Elly Ifantidou, Diane Blakemore, Regina Blass, Billy Clark, Maria Groefsema, Ruth Kempson, Adrian Pilkington など) と出会うこともできた．ロンドン滞在中にお世話になった，Cousins 一家のご主人で歯科医の Myles Cousins 氏はアイルランド出身で，絶えずジョークを言って笑わせてくれたことも今回の執筆に役立っていると思う．1996 年 3 月に慶応大学で開催された Relevance Theory Workshop に誘ってくれた西山佑司先生も，筆者が関連性理論とより深くかかわるきっかけを作ってくれたので有り難く思っている．なお，Isao Higashimori and Deirdre Wilson (1996) "Questions on Relevance," *UCL Working Papers in Linguistics* 8 はこのワークショップの成果をまとめたものである．

なお，筆者が 2009 年度龍谷大学国内研究員としてのジョークの研究および，エスニック・ジョーク研究については 2010 年度龍谷大学国際社会文化研究所の個人研究助成をいただき，最新の文献を入手できたことも本書執筆に大いに役立った．

本書は，Deirdre Wilson 教授と筆者との discussion の中で，自然言語のあらゆる言語使用の側面を関連性理論が取り扱うことができること，人間の使用している〈ことば〉は複雑で，そう簡単には分析できないといつも筆者に言っていたことが，ジョーク研究のきっかけとなっている．また，大阪大学大学院で毛利可信先生の語用論の授業で言語使用の不思議さに興味をもったことも，本書の執筆の助けとなっている．本書が少しでも，複雑な言語理解の助けとなれば幸いである．ここまで，いろいろと筆者に刺激を与えてくれた，Wilson 教授はじめ多くの方々，PG ジョークの執筆でお世話になった大修館辞書編集部の皆様と小西友七先生，Kevin Collins 先生，塩田英子さん，糸井通浩龍谷大学名誉教授には表現学会でジョークのトピックを話す機会を与えてくださったこと，龍谷大学での各種の授業 (学部，大学院，REC)，神戸女学院での授業 (ゼミ，講義)，甲南大学大学院での集中講義などで意見を述べてくれた学生諸君にも感謝するとともに，本書の出版をささえてくれた，龍谷学会，龍谷大学国際社会文化研究所，それと，特に，開拓社の川田賢氏には出版を引き受けてくれたことを感謝したい．これまで，筆者を支えてくれた家族，特に，カナダ，ニュージーランド，オーストラリア，

アメリカ，ハワイの本屋でジョークの本をすばやく見つけてくれた息子の啓には感謝したい．飯田由幸君には本書で利用した写真素材サイトの有益な情報を教えてもらい大変助かった．本書には筆者の力不足で，誤解とか理解不足の点も多々あると思うので，読者からのご教示，ご意見をお待ちしています．さらなるジョーク研究，関連性理論研究，認知と言語の研究が進展することを期待しています．

　最後になりましたが，本書の出版は龍谷学会出版助成によります．ここに記して深く感謝の意を表したい．

　　2011 年初夏　京都大宮にて

　　　　　　　　　　　　　　　　　　　　　　　　　　　　　　　東森　勲

# 筆者の笑いの研究経過

## I. 著書

1. 東森勲・吉村あき子 (2003) 『関連性理論の新展開：認知とコミュニケーション』研究社，東京.
2. 小西友七・東森勲（編）(2004)『プラクティカル・ジーニアス英和辞典』大修館書店，東京.

## II. 学術論文

1. 東森勲 (2006)「英語のジョークと川柳の笑いについて：関連性理論による分析」『言外と言内の交流分野：小泉保先生傘寿記念論文集』，507-523，大学書林，東京.
2. Higashimori, Isao (2008) "New Perspectives on Understanding Jokes: A Relevance-Theoretic Account,"『龍谷大學論集』471号，52-69.
3. Higashimori, Isao (2009a) "Understanding Political Jokes: Are There Any Rhetorical and Cognitive Characteristics?" *Proceedings: Selected Papers on CD-Rom* (Rhetoric in Society, University of Leiden オランダ，ライデン大学).
4. Higashimori, Isao (2009b) "Jokes and Metarepresentations: Definition Jokes and Metalinguistic Jokes," 2009 *LACUS FORUM CD-ROM* (2009 LACUS Conference Pitzer College アメリカ，カリフォルニア大学ピッツァーコリッジ).
5. Higashimori, Isao (2010) "Proverb Variation and Jokes: A Relevance Theoretic Account,"『龍谷大學論集』474/475号，277-288.
6. Higashimori, Isao (2012) "Discourse Markers (But/Yet/However) in English Jokes: A Relevance-Theoretic Account,"『ことばを見つめて：内田聖二教授退職記念論文集』，吉村あき子・須賀あゆみ・山本尚子（編著），159-168，英宝社，東京.

## III. 口頭発表

1. A Relevance-Theoretic Account of Jokes: Resemblance-Based Jokes and Assumption/Implicature-Based Jokes (Linguistic Society of New Zealand Annual Conference ニュージーランド, オークランド大学, 2005.11.17-18)
2. Proverb Variation and Jokes; A Relevance Theoretic Account (33rd LACUS, カナダ, トロント大学, 2006.7.31-8.4)
3. Jokes and Reference Assignments: Functionalism vs. Cognitive Pragmatics (40th Annual Meeting of the Societas Linguistica Europaea, フィンランド, ヨーエンス大学, 2007.8.23-26)
4. Jokes and Ad Hoc Concept Constructions and Two Conflicting Frames: A Relevance-Theoretic Account (7th Annual Hawaii International Conference on Education, アメリカ, Waikiki Beach Marriott Resort & Spa 2009.1.4)
5. Understanding Political Jokes: Are There Any Rhetorical and Cognitive Characteristics? (Rhetoric in Society, オランダ, ライデン大学, 2009.1.22)
6. Joke Interpretation and Cultural Differences: A Relevance-Theoretic Account (Cross-Culturally Speaking, Speaking Cross-Culturally Conference オーストラリア, マコーレイ大学, 2009.7.6)
7. Jokes and Metarepresentations: Definition Jokes and Metalinguistic Jokes (2009 LACUS Conference アメリカ, カリフォルニア大学, ピッツァーコリッジ, 2009.8.6)

なお, 本書は上記のものを参考にして, すべて新たに書き直したものである. 現段階での最新の情報の追加・修正もした.

# 目　次

まえがき………………………………………………………………… iii
筆者の笑いの研究経過………………………………………………… vii


## 第 I 部　ジョークと関連性理論 I〈基礎編〉

序　論 …………………………………………………………………… 2

### 第 1 章　表意に基づくジョークの分析 ……………………………… 7
1.1.　基本レベルの表意………………………………………………… 7
1.2.　高次レベルの表意………………………………………………… 19

### 第 2 章　推意に基づくジョークの分析 ……………………………… 22
2.1.　想定 (=P ならば Q), 表意 (=P), それゆえ推意 (=Q) ………… 23
2.2.　想定 (=P ならば Q), 発話 (=NOT Q), それゆえ推意 (=NOT Q なら NOT P) ……………………………………………………… 25
2.3.　知識 (＝想定) とジョーク ……………………………………… 25
2.4.　矛盾した推意により生ずるジョーク …………………………… 29
2.5.　ばかげた想定を用いて生じるジョーク ………………………… 30
2.6.　ばかげた推意に基づくジョークタイプ 1 ……………………… 32
2.7.　ばかげた推意に基づくジョークタイプ 2：おおげさな表現 …… 33
2.8.　二つの矛盾する想定に基づくジョーク ………………………… 34
2.9.　平行処理に基づくジョーク ……………………………………… 35
2.10.　質問 (=A and B の違いは？) 答え (=B は +α), 推意 (=A は −α) … 36
2.11.　修辞疑問文によるジョーク ……………………………………… 37
2.12.　数字を含むジョーク ……………………………………………… 38

第3章　さまざまな類似性に基づくジョークの分析 ……………… 40
 3.1.　音声的類似性 ……………………………………………… 41
  3.1.1.　単に音だけが似ている場合 ………………………… 41
  3.1.2.　同音異義語の場合 …………………………………… 46
  3.1.3.　スプーナリズム（頭音転換 Spoonerism）………… 49
 3.2.　統語的類似性 ……………………………………………… 49
  3.2.1.　統語的あいまいさ …………………………………… 49
  3.2.2.　異分析によるもの …………………………………… 51
  3.2.3.　文レベルの類似性 …………………………………… 52
  3.2.4.　句（Phrase）レベルの類似性 ……………………… 53
 3.3.　意味的類似性：命題内容の類似性 ……………………… 54
 3.4.　イディオム，ことわざ，コマーシャルなどの定型表現との類似性 …… 55

## 第II部　ジョークと関連性理論II〈応用編〉

第4章　日本語による笑いの分析 ……………………………… 60
 4.1.　吉本の笑いの分析 ………………………………………… 60
 4.2.　川柳の分析 ………………………………………………… 63
  4.2.1.　音声的類似性 ………………………………………… 63
  4.2.2.　統語的な分析の違いに基づく類似性 ……………… 64
  4.2.3.　文レベルの分析の違いに基づくもの ……………… 64
  4.2.4.　語レベルの分析の違いに基づく類似性 …………… 65
  4.2.5.　文字どおりとイディオムの解釈のずれに基づくもの …… 65
  4.2.6.　語の多義性に基づくもの …………………………… 65
  4.2.7.　ことわざなど決まりきった言い方との類似性 …… 66
  4.2.8.　類似した意味領域の場合 …………………………… 66
 4.3.　語彙語用論（lexical pragmatics）のAd hoc 概念形成（Ad hoc concept construction）に基づく笑いの分析 ………………… 66
 4.4.　推意（implicature）に基づく笑いの分析 ……………… 68

第5章　ポリティカル・ジョークの分析 ……………………… 71
 5.1.　ポリティカル・ジョークと表意 ………………………… 71
 5.2.　ポリティカル・ジョークと推意 ………………………… 72
  5.2.1.　二つの矛盾する推意に基づくポリティカル・ジョーク …… 72
  5.2.2.　ばかげた想定に基づくポリティカル・ジョーク …… 73

5.2.3. ばかげた推意に基づくポリティカル・ジョーク ………………… 74
　5.3. ポリティカル・ジョークと類似性 ……………………………………… 76
　　5.3.1. 音声的類似性 ……………………………………………………… 76
　　5.3.2. 統語的・語彙的類似性に基づくポリティカル・ジョーク ……… 77
　　5.3.3. 命題内容の類似性に基づくポリティカル・ジョーク …………… 78
　5.4. ブッシュ大統領とジョーク ……………………………………………… 78
　　5.4.1. 音声的類似性 ……………………………………………………… 78
　　5.4.2. 統語的類似性 ……………………………………………………… 79
　　5.4.3. 命題内容の類似性 ………………………………………………… 80
　　5.4.4. ばかげた想定 ……………………………………………………… 80
　　5.4.5. ばかげた推意 ……………………………………………………… 82

第6章　エスニック・ジョークの分析 ……………………………………………… 83
　6.1. エスニック・ジョークとステレオタイプに基づく想定 ……………… 84
　　6.1.1. ステレオタイプと想定について ………………………………… 84
　　6.1.2. ステレオタイプに基づく想定の問題点 ………………………… 86
　6.2. エスニック・ジョークの実例の分析 …………………………………… 89
　　6.2.1. アイルランド人 …………………………………………………… 89
　　6.2.2. スコットランド人 ………………………………………………… 98
　　6.2.3. ユダヤ人 …………………………………………………………… 105
　　6.2.4. ポーランド人 ……………………………………………………… 110
　　6.2.5. イタリア人 ………………………………………………………… 112
　　6.2.6. アメリカ人 ………………………………………………………… 114
　　6.2.7. オーストラリア人 ………………………………………………… 115
　　6.2.8. 日本人 ……………………………………………………………… 115
　　6.2.9. 黒人（アフリカ系アメリカ人） ………………………………… 117
　　6.2.10. アメリカ各地のジョーク ………………………………………… 118
　　6.2.11. ハワイにおけるジョーク ………………………………………… 120
　　6.2.12. カナダの風土，動物，スポーツに関するジョーク …………… 126

第7章　ジョークとメタ表示 ………………………………………………………… 130
　7.1. 定義によるジョークの分析 ……………………………………………… 130
　　7.1.1. メタ表示でなく，事柄を定義している場合 …………………… 130
　　7.1.2. 定義がメタ表示となっている場合 ……………………………… 131
　7.2. メタ表示 …………………………………………………………………… 133
　　7.2.1. メタ表示と類似性：文字あるいはスペルの類似性に基づくジョー
　　　　　ク ………………………………………………………………… 133

7.2.2.　不規則な形態論，異常なスペルに基づくジョーク ………………… 138
　　　7.2.3.　スプーナリズム（SPOONERISM） ………………………………… 139
　　　7.2.4.　スペルと想定（知識）との関係に基づくジョーク ………………… 139
　　　7.2.5.　異常なイディオム解釈に基づくジョーク ………………………… 140
　　　7.2.6.　パロディー：統語的類似性に基づくジョーク …………………… 140
　7.3.　The Two Ronnies: The Four Candles の笑いの分析 ………………… 140
　7.4.　ジョークと指示付与の分析 ……………………………………………… 147
　　　7.4.1.　関連性理論による指示付与（論理形式を語用論的に豊かにすること） ……………………………………………………………………… 151
　　　7.4.2.　代名詞の指示付与をめぐって ……………………………………… 152
　　　7.4.3.　疑問副詞の指示付与をめぐって …………………………………… 156
　　　7.4.4.　その他の指示付与に関するデータ ………………………………… 158

## 第 8 章　ことわざの変種とそのジョーク …………………………………… 163

　8.1.　ことわざの形式の変種について：置き換え，省略，反意語，拡張 …… 165
　　　8.1.1.　置き換え ……………………………………………………………… 166
　　　8.1.2.　省略 …………………………………………………………………… 166
　　　8.1.3.　反意語 ………………………………………………………………… 166
　　　8.1.4.　拡張 …………………………………………………………………… 166
　8.2.　関連性理論による説明 …………………………………………………… 166
　　　8.2.1.　一つの要素のみ置き換えられた場合 ……………………………… 166
　　　8.2.2.　統語形式，語彙形式の類似性（＝パロディー） …………………… 168
　　　8.2.3.　表意がおもしろさを出すもの ……………………………………… 168
　　　8.2.4.　推意に基づくジョーク ……………………………………………… 169
　　　8.2.5.　アドホック概念形成に基づくジョーク …………………………… 169
　　　8.2.6.　処理労力に関わるジョーク ………………………………………… 170
　8.3.　いくつかの問題となるケースについて ………………………………… 171
　　　8.3.1.　ことわざの一部を用いての変種の例 ……………………………… 171
　　　8.3.2.　拡張，置き換えの場合 ……………………………………………… 171
　　　8.3.3.　反意語 ………………………………………………………………… 172
　　　8.3.4.　ことわざの推意と表意のずれによるジョーク …………………… 172
　　　8.3.5.　ことわざなど決まりきった言い方との類似性 …………………… 172
　［付録 A］パロディー一覧：統語的類似性に基づくもの ……………………… 173

## 第 III 部　ジョーク研究の問題点〈理論編〉

第 9 章　英語ジョークがなぜ日本人には理解しにくいのか？ ···· 180
 9.1. 日本語訳の問題 ································································ 180
 9.2. 音声的類似性と訳の問題 ······················································ 181
 9.3. メタ言語の問題 ································································ 182
 9.4. 内容理解不可能（語彙・異文化などの問題） ····························· 183
 9.5. 笑えなくて問題（ジョークの範囲の問題） ································ 184
 ［付録 B］ジョークの評価と問題点：PG 用に集めたジョーク ················ 184

第 10 章　ジョークの説明原理について：
    ずれの解決理論から最新の関連性理論研究まで ·········· 223
 10.1. 関連性理論とジョーク 1：Curcó (1996) ································ 225
 10.2. 関連性理論とジョーク 2：Muschard (1999) ························· 226
 10.3. 関連性理論とジョーク 3：Pilkington (2000) ························ 229
 10.4. 関連性理論とジョーク 4：Yus (2003) ································· 230
 10.5. 関連性理論とジョーク 5：Yus (2008) ································· 232

おわりに ······················································································ 233

参考文献 ······················································································ 237

索　　引 ······················································································ 255

第 I 部

# ジョークと
## 関連性理論 I

〈基礎編〉

# 序　論

　英語のジョークといっても幅広く多岐にわたっている．手始めに，いくつかのタイプを見てみよう．**1行のジョーク** (one-liner joke)，**ノックノックジョーク** (knock knock joke)，**定義のジョーク** (definition joke)，**エスニック・ジョーク** (ethnic joke) など，さらに，**だじゃれ** (pun) や**なぞなぞ** (riddle) をジョークに含める場合もある．**漫画** (comic) も4コマ漫画で最後が落ちになっているところから笑いが生じるのでジョークの延長線上にある．理論的には**ユーモア** (humor) の研究としてジョークを扱っているものも少なくない．日本の吉本のお笑いや落語のように，おもしろく言葉遊びが関わる話芸は世界中に多数存在する．アメリカ，ニューヨークで活躍している stand-up comedian のお話もジョークであり，ニューヨークにいるタクシードライバーのジョークの本もたくさんでている．ジョークのトピックはありとあらゆることがあり，**子供の作ったジョーク** (kid joke)，**ゴルフに関するジョーク** (golf joke)，**ポリティカル・ジョーク** (political joke)，**弁護士のジョーク** (lawyer joke)，**e-mail に関するジョーク** (e-joke) などどんどん進化している．また，今では，インターネット上でも多数のジョークを見ることでできる．ダイアナ妃のジョーク (Princess Diana joke) をインターネットのサイトでみると，

(1)　What is the difference between Princess Diana and Tiger Woods. Tiger Woods had a better **driver**.

　　　　　　　　　(http://www.ebaumsworld.com/jokes/read/558360/)

(ダイアナ妃とタイガー・ウッズの違いは何ですか？
タイガー・ウッズのほうがよいドライバーをもっていた．)
[driver$^1$＝「ゴルフのドライバー」]

Princess Diana had a bad driver.（ダイアナ妃の運転手はへたくそだった）[driver$^2$＝「運転手」]を暗に対比しているので，笑いが生じる．関連性理論ではdriverの意味を表意であいまいさを除去する作業とか，暗に伝えている推意（A and B の違い？の質問で答えは B のみなので，推意で A のことを知識を用いて計算する）により説明する．

(2) What does Princess Diana and cell phones have in common?
They both **die** in tunnels.

(http://www.ebaumsworld.com/jokes/read/558360/)

（ダイアナ妃と携帯電話の共通点は何ですか？
両方とも，トンネルの中で die する．)

die は die$^1$＝「死ぬ」，die$^2$＝「通話できない」の両方の意で，トンネルの中で死んだか，通話できないかの意．この例も関連性理論では die の意味のあいまいさを表意でどのように理解するかで説明する．

例文 (1), (2) を理解するにはどのようなことが必要なのか．

(1) のポイントは driver には「運転手」の意と，「ゴルフのドライバー」の両方の意があり，タイガー・ウッズがプロゴルファーでよく打てるよいドライバーをもっているという文字どおりの表現 (Tiger Woods had a better driver.) に対して，ダイアナ妃は運転の下手なドライバーを雇っていた (Princess Diana had a bad driver.)．それが原因で交通事故を起こして亡くなった．と暗に言われている知識（関連性理論ではこのような知識を想定 (assumption) と呼び，聞き手が発話を聞いてからその場で想定を選び出して，表現された表意と頭の中の記憶ファイルから引き出した想定で話し手の言いたい意味を聞き手が演繹的に計算する）を用いて計算し，ゴルフドライバー読みと車の運転手読みの意のずれをキャッチすることで両者の意味のずれが生じ，ジョーク理解に至る．

(2) ではダイアナ妃はトンネル内での事故で die「死ぬ」し，携帯電話は die「聞こえない状態」となる．この die のようにもともと人が死ぬことを表

している動詞が，もの（たとえば携帯電話など）が使用できない状態の意へと意味がずれる（関連性理論ではアドホック概念形成により，メタファー的に概念がずれることを概念のルース化という）ことによりジョーク解釈を説明する．この場合は，いわゆる掛詞となっている．詳しくは第2章を参照のこと．

**なぞなぞの例：**

(3) What's more useful after it's **broken**?
 I don't know.　An egg.　　　　　　　　　(Keller (2003: 35))
 （こわれてしまったらもっと役立つものなあに？
 　分からない．卵．）

broken は ①「(ものが) 壊れる，故障する」，②「(卵などが) 割れる」のように多義的で，通例 ① に聞き手はアクセスするが，答えは ②（卵が）割れて役立つほうとなる．

---

### コラム1

　日本語の例：　ねづっちの掛け言葉も英語のなぞなぞ同様な処理が可能である．次は日本語の掛け言葉の例．

(i)　いびきと掛けて，爪を英語で表記すると解く
　　**寝入る（ネイル）とかく（書く）**
　　　　　　　　　(Wコロン (2009: 11)『なぞかけで「脳活」』東京：東邦出版)
(ii)　民主党と掛けて，逃げ切ろうとする犯人と解く
　　やっぱり，**自公（時効）**が気になります　　　　　　(ibid.: 143)

日本語では，このように掛け言葉はカタカナ語と漢字とか，異なる漢字を掛けたりと，文字の遊びも関わるので，多種多様である．

---

**メタ言語（＝ことばについてことばで説明したもの）に基づくジョーク：**

(4) How come you broke up with your girlfriend?  She started using **four-letter words**.  Like what?  Like "Find some work."

(Keller (2003：62))

（どうしてガールフレンドと別れたの？ 彼女が4文字語を使い始めたから．どのような語を使ったの？ find と some と work という語だよ．）

聞き手はメタ言語の情報として four-letter word（4文字語）は ① fuck, shit などひわいな語を使用すると解釈し，下品だから彼女と別れたと聞き手ははじめ理解するが，落ちでは find, some, work が4文字語で「何か仕事見つけなさい！」という意となり，仕事をしないでぶらぶらしていたのをしかられたので別れたというどんでん返しとなっておもしろくなっている．

**知識に基づくジョーク：**

(5) Twenty sheep, a sheepdog, and a shepherd are in their favorite field.  How many **feet** do they have?
    Two!  Sheep have hooves and dogs have paws!

(ibid.：38)

（20匹のひつじ，1匹の牧羊犬とひとりの羊飼いが彼らの大好きな草原にいます．足（foot）は何本ありますか？
2本，羊は hoof（ひづめのある足），犬は paw（鍵つめのある足）だから．）

人間の足のみ foot と言われるという知識に基づく．

(6) Dad, could I have a dollar?  When I was your age I asked for cents.
    Okay, give me **100 cents**.

(ibid.：51)

（お父さん，1ドルくれない？ お父さんがお前くらいの年の頃は，何セントくれといったものだ．分かったよ．
ぼくに100セントくれないかなあ．）

1ドル＝100セントという知識に基づく．同じ金額を子供が言い換えているところにおもしろさがある．なお，語用論的言い換え表現の分析については

東森・吉村（2003: 117-120）を参照のこと．

　本稿では認知語用論である**関連性理論**（relevance theory）に基づく英語のジョークの分析を試みる．グライス（Henry Paul Grice）流の公理に対する違反としてジョークを特別な言語使用として分析するのではなく，通常のコミュニケーションに用いるさまざまな手段でジョーク分析が可能であることを示す．**類似性**（resemblance）に基づくもの，**語彙語用論**（lexical pragmatics）の**アドホック概念形成**（Ad hoc concept construction）に基づくもの，推意（implicature）に基づくものなどをおもに検証する．

第 1 章

# 表意に基づくジョークの分析

　**表意**（explicature）とは言語化された**発話**（utterance）から聞き手が語用論的に肉付けをして豊かにした**明示的**な（explicit）命題（あるいは想定）のことをいう．従来の文字どおりの意味よりはるかに語用論的に豊かにされたものを指すので注意が必要である．

An assumption (proposition) communicated by an utterance is an 'explicature' of the utterance if and only if it is a development of (a) a linguistically encoded logical form of the utterance, or of (b) a sentential subpart of a logical form.　　　　　　　　(Carston (2002: 124))
（発話により伝達されるある**想定**（命題）が，(a) 言語的に記号化された発話の論理形式を発展されたものである場合に限り，あるいは (b) **論理形式**の文の一部である場合に，その発話を「表意」という．）

## 1.1.　基本レベルの表意（basic-level explicature）

　表意形成の 4 種類の処理とジョークの例をまず見てみよう．

① **あいまい性の除去（disambiguation）**

(1) "Rita, what will you do when you get as **big** as your mother?"　"Go on a diet, miss."
　　（小西・東森 (2004)『プラクティカル・ジーニアス英和辞典』(＝PG), p. 156）

(「リタ,お母さんぐらい大きくなったら何がしたい?」「ダイエットです,先生」)

リタは big を「体が太った」の意と取ったが,先生は「年をとる」の意で聞いている.両者のずれから笑いが生じている.

(2) How long will your brother be in jail?
Thirty days.
What's the **charge**?
No charge.　Everything's free.　　　　　　(Keller (1998: 50))
(君のお兄さんはどれくらいの間,刑務所に入っているの?
30 日間だよ.
チャージは何(いくら)?
チャージなんかないよ.すべてただだよ.)

charge を話し手は「罪」の意と取るが,聞き手は「宿泊料金」の意と取り,その値段はいくらと聞いていると誤解し,「ただ」と返事する.この両者のずれによりジョーク理解に至る.

(3) CUSTOMER: How much does your newspaper charge for funeral notices?
NEWSPAPER CLERK: Two dollars **an inch**.
CUSTOMER: Wow!　My uncle was six-foot-four.
　　　　　　　　　　　　　　　　　　　　　(ibid.: 27)
(客: そちらの新聞に死亡記事を出すのにどれくらい費用がかかりますか?
新聞社員: 1 インチにつき 2 ドルです.
客: うわあー.叔父さんは 6 フィート 4 インチだったよ.)

新聞社の人は an inch を「死亡記事の長さの 1 インチ」の意で言うが,聞き手は「亡くなった人の身長 1 インチ」の意と取り,両者のずれから笑いが生じる.

(4) CUSTOMER: **I can't find words** to express my annoyance.
STORE CLERK: May I sell you a dictionary?　　(ibid.: 21)
(客: 私の悩みを表す言葉が見つかりません.

店員： それなら辞書はいかがですか？）

can't find words to express を文字どおりに「...を言い表す言葉が見つけられない」の意と店員は理解したが，客は「ことばでは...は言い表せない」の意を伝えたかったので，両者にずれが生じている．

(5) Traveler: Is this the bus to California?
　　 Ticket Agent: Yes, it goes to California **in 10 minutes**.
　　 Traveller: Wow. That fast! (ibid.: 75)
　　（旅行者： このバスはカリフォルニア行きですか？
　　　切符売り： はい，10分でカリフォルニアに行きます．
　　　旅行者： うわあ．そんなに速いんですか．）

in ten minutes をチケット売り場の人は「今から10分したら」の意で，カリフォルニア行きバスが出発すると言ったが，聞き手の旅行者は「今から10分バスに乗れば（カリフォルニアに）着く」の意と理解し，両者の理解がずれた．前者がふつうの解釈で，後者は異常な解釈である．

(6) What did the bee say when it returned to the hive?
　　 **Honey**, I'm home. (Yoe (2001: 215))
　　（ミツバチは巣にかえったときになんといいましたか？
　　　ハニー，ただいま．）

Honey, I'm home. の Honey はミツバチとのリンクでは「はちみつ」の意であるが，ここでは家にかえってきたときの，呼びかけ語となっている．掛け言葉としての honey の使用でおもしろくなっている．

② 飽和 (saturation)
　飽和とは言語化された論理形式や意味表示が変項やスロットを含んでいる場合に何らかの具体的言語表現を語用論により満たすをいう．代名詞の指示付与とか，所有格の意味関係などもこの操作で意味が豊かにされる．
　子供のジョークを見てみよう．

(7) Dad: Why did you get such a low score in that test?
　　 Kid: **Absence**.

Dad: You were absent on the day of the test?
Kid: No, but the boy who sits next to me was. (Howell (2003: 57))
（父親： どうしてそのテストの点数はそんなに悪かったの？
　子供： 休んだから
　父親： テストの日に休んだの？
　子供： 違うよ，僕のとなりの男の子が休んだの．）

子供の発話 Absence は X's absence の X をはっきりとは表現していないが，X がその子供自身だと「その子供自身が休んだ」の意に理解するのに対して，最後のおちでは，X は隣の席の子で「隣の席の子が休んだ」の意となり，両者の理解の落差がおもしろさを生み出す原因となっている．関連性理論では次のような分析となる：

Kid の発話： absence
論理形式 (logical form)： X's absence
表意①： The kid got such a low score in that test because of the kid's absence
Kid の最後の発話： No, but the boy next to me was.
表意②： No, the boy next to me (= the kid) was absent on the day of the test

テストの点数の悪かった理由は，① その子供が休んだから，② 隣の席の生徒が休んだから．この①②のずれからおもしろさが生じる．

表意②： 隣の席の生徒がテストの日に休んだ (= P)
聞き手の想定 (知識)： もしも隣の席の生徒がテストの日に休んだら (= P)，その生徒のテストの成績が悪かった (= Q)
推意 → 表意②＋聞き手の想定 (知識)
想定： P ならば Q
発話： P
推意 (**対偶法**)： NOT Q (= Q でない) ならば NOT P (= P でない)

その生徒の成績がよかったら，その隣の席の生徒が休まずにテストを受けていたから，すなわち，これまではその生徒が成績がよかったのは，その生

の力ではなく，隣のよくできる生徒の試験解答をカンニングしてたからだということを暗に伝えることになる．

　この推意の結論（カンニングによるよい成績の意）が常識はずれで，事態のどんでんがえしと非常識さがおもしろさの原因となっている．おもしろさの原因についての先行研究の中には聞き手がばかなことをしている話し手に対して自分のほうがもっとましだ，すぐれているという思い，すなわち，優越性が原因と考えるものもある．本書のように，演繹的演算形式でジョークの笑いを詳しく分析したものは従来なかったように思われる．推意に関わるいろいろなタイプの分析はのちほど詳しく議論する（第3章参照）．常識はずれのおもしろさはこのような計算結果であり，計算に用いる知識（想定）が常識はずれであったりといろいろなタイプがあることが分かる．

　なお，absenceのような**完全な文でない発話**（non sentential utterance）の意味理解では論理形式（logical form）の一部分から全体をどのようにして豊かにするかが問題となる．Ruth Kempson教授中心にロンドンKing's Collegeで研究がすすめられている**Dynamic Syntax**がこの分野では業績をかなりあげているので，以下のサイトを参照のこと：http://www.kcl.ac.uk/research/groups/ds/publications.html.

(8)　Mother： How were the test questions?
　　　Kid： **Easy**.
　　　Mother： Why do you look so miserable, then?
　　　Kid： The questions didn't give me any trouble, but the answers were really hard.　　　　　　　　　　(Howell (2003: 57))
　　　（母親： テスト問題はどうだったの？
　　　　子供： やさしかったよ．
　　　　母親： なぜ，それじゃ，そんなにがっかりした顔をしてるの？
　　　　子供： テスト問題はなにもややこしいことはなかったが，答えは本当にむずかしかった．）

(8)のeasyの例でも，同様に「テストはやさしかった」の意と解釈するのと，最後の発話の落ちでは「テスト問題文はやさしかった（が，解答するのはむずかしかった）」の意で落差が生じている．

(9) A man went into a restaurant to have dinner. He sat down and ordered. Soon, the waiter brought him **a bowl of soup**.
　　As the man began to eat, he noticed a dog staring at him. After a couple of minutes, the dog started to bark at him.
　　"Why is that dog barking at me?" asked the man.
　　"Uh, I'm sorry about that, sir," the waiter said.
　　"We accidentally gave you his bowl." 　　(Live ABC (2011: 79))
　　(ある男が夕食をとろうとレストランに入りました．テーブルについて注文すると，間もなくウェイターが皿に入ったスープを持ってきました．
　　男が食べ始めると，1匹の犬がじっと見ていることに気づきます．数分後，犬が吠え始めました．
　　「なんで，あの犬は僕に吠えているんだ？」と男は聞きました．
　　「えぇと…，申し訳ありません」とウェイターは言いました．
　　「間違って，犬の皿でお出ししてしまったのです」）

最後のパンチラインの表意: Our restaurant gave you (= the customer) the dog's bowl of soup. ばかげた表意: レストランで犬の皿にスープをいれて，客にだすことがばかげた動作である．

(10) TEACHER: George, go to the map and find North America.
　　　GEORGE: Here it is!
　　　TEACHER: Correct, Now, class, **who discovered America?**
　　　CLASS: George! 　　　　　　　　　　　(*E-Tales 2*, p. 184)
　　　(教師: ジョージ，地図のところに行って，北アメリカを見つけなさい．
　　　ジョージ: ここです．
　　　教師: 正解です．それでは，みなさん，誰がアメリカを発見しましたか？
　　　クラスのみんな: ジョージです．）

Who discovered America? (アメリカを発見したのは誰か) は百科辞書的知識ではColumbusと答えるのが普通だが，ここでは直前のコンテクストから，Georgeが地図上で見つけたというずれからおもしろさが生じている．

(11) Where was America's **Declaration of Independence** signed?
　　　At the bottom. 　　　　　　　　　　　(Howell (2003: 58))

第1章 表意に基づくジョークの分析　　　13

　　（アメリカの独立宣言が署名されたのはどこ？
　　文書の末尾．）

アメリカ独立宣言の調印された場所は通例はフィラデルフィアと答えるのが普通だが，ここでは，サインされている所は独立宣言の文章の末尾とずれが生じている．

### ③　自由な語用論的拡充 (free enrichment)

　自由な語用論的拡充とは，言語的には**論理的項目**を満たしているが，以下の（　）のように語用論的追加情報として理解される要素をいう（Carston (2002 : 23) を参照）．

　　発話： You are not going to die.
　　表意： The child is not going to die (from that cut).
　　　　　　　　　　　　　　　　　　　　　　　(Allott (2010 : 80))

　　　（あなたは死なないでしょう．）
　　　（その子供は（その切り傷では）死なないでしょう．）

(12) When my grandmother **died** (**of cancer**), the funeral director said: "Bury her with something she liked."
As the coffin was lowered into the ground, all they could hear was granddad shouting for help.　　　　(Tibballs (2009 : 167))

　　（ぼくのおばあちゃんが（がんで）亡くなったときに，葬儀屋が「おばあさんの好きだったものと一緒に埋葬してください」と言いました．
　　棺が地面に下ろされたときに，聞こえたことは，おじいさんが助けてくれという叫ぶ声でした．）

おばあさんが強くて，おじいさんは弱虫でいつも「助けてくれ」とおばあさんに叫んでいたことが分かり，おもしろくなっている．

(13) Did you hear about the explosive expert died (yesterday) (in London)?
Yes, may he rest **in pieces**.　　　　　　　　(Keller (2003 : 88))

　　（（昨日）（ロンドンで）爆破専門家が死んだことを聞きましたか？

はい，粉々になって眠りたまえ．）

may he rest in peace（安らかに眠りたまえ）と may he rest in pieces（粉々になって眠りたまえ）との音声的類似性によるジョーク．

④　**アドホック概念形成（Ad hoc concept construction）**

　人間のもつ強力な推論能力により，発話に含まれる**語彙化（記号化）された概念**（encoded concept）がアドホック概念（ad hoc concept）あるいは**伝達された概念**（communicated concept）として聞き手がアクセスした知識を用いて狭くなったり広くなったりして理解されると関連性理論では考える（この分野は特に語彙語用論（Lexical Pragmatics）と呼ばれている）．記号化された概念と知識で計算するというプロセスは同じだが，演算の結果として以下の2種類に分類される：(i) 語彙化された**概念を狭くする**（narrowing）場合；(ii) 語彙化された**概念を広くする，ルースにする**（loosening/broadening）場合がある．

---

コラム 2

　**日本語の例：**　松本修（2010: 37-39）『「お笑い」日本語革命』（東京：新潮社）でとりあげられた，「**マジ**」の意味のゆれなどがある．

　マジは (i)「真面目」，(ii)「本気」の意でゆれる：「マジ」（本気）という言葉が昔からあります．こちらは元々は，「真面目」の意味で，「真面目な話」（本当の話），「真面目な勝負」（冗談抜きの本気の勝負）といった意味で広まりましたが，その後，「本気（ほんき）と書いて，マジと読む」といった，なにやらカッコイイ言い回しがマンガなどの煽りの表現として登場．さらに1987年1月～1996年10月にかけて「週刊少年チャンピオン」（秋田書店）に連載されたヤクザマンガ，「本気！」（マジ／立原あゆみ）のタイトルにもなり，用語として完全に確立しました」（http://www.paradisearmy.com/doujin/pasok_gachi.htm）．

コラム3

**英語の例：** 形容詞 good が状況により意味がゆれることをアドホック概念形成で説明できるとして Sergio Maruenda Bataller (2003-2004) "Lexical Pragmatics: Relevance Theory and Generalized Conversational Implicatures" http://www.uv.es/anglogermanica/2003-2004/maruenda.pdf は次の例をあげている：

(i) では「速度が速い」の意，(ii) では「高級な」の意，(iii) では皮肉で，「切れない」の意と状況に応じて good の意味がゆれていることに注意 (Carston (2002), Sperber and Wilson (1995) を参照).

(i) A: Oh! It's late. I'll miss my flight.
    B: Don't worry. John has a **GOOD** car (=fast).
    (A: あっ，遅れた．飛行機に乗り遅れそう．
     B: 心配しなくていいよ．いい車 (=速度の速い車) があるから.)
(ii) A: Does Ann have a good salary?
     B: Well, she has a **GOOD** car (=expensive).
     (A: アンの給料はいいのかなあ？
      B: ええ，彼女はいい車 (=高級車) に乗ってます.)
(iii) Paul (seeing Jane in trouble to cut a steak, ironically): This is a **GOOD** knife, isn't it? (=blunt)
    (ポール (ジェーンがステーキを切るのに手こずっているのを見て，皮肉で)：このナイフはよく切れるねえ (=切れないね).)

次は関連性理論によるアイロニーの定義：The speaker dissociates himself from the assumption with ridicule or scorn. (話し手は嘲笑いと冷笑を伴ってある想定について自分はそうは思わないという気持ちをもっている) 場合に，アイロニーとなる.

---

(14) What part of your eye goes to school?
     The **pupil**! (Yoe (2001: 118))
     (目のどの部分が学校に行きますか？

ピューピルです．)

pupil には「目の瞳」の意と「生徒」の意があり，学校に行くのは「生徒」で，目の部分とのリンクでは「目の瞳」の意と理解する必要がある．

 類例： (i) Why did the teacher go to the eye doctor?
     She had problems with her **pupils**. (ibid.: 276)
    （どうして先生は目医者に行ったの？
     ピューピルに問題があったから．)

pupil には「目の瞳」の意と「生徒」の意があり，先生とのリンクでは，「生徒」で，目医者とのリンクでは「目の瞳」の意と両者を同時に理解する必要がある．

(15) What is a worm's favorite city?
   **The Big Apple**. (ibid.: 160)
  （虫の大好きな都市はどこ？
   ビッグアップルです．)

big apple は New York のニックネームで，「ニューヨークが大好き」の意と，文字どおりに「虫は大きなリンゴが大好き」の意を掛けている．

(16) What did Godzilla eat when he arrived in New York?
   **The Big Apple**. (Rissinger and Yates (1999: 54))
  （ゴジラはニューヨークについたときに何を食べたの？
   ビッグアップル．)

The Big Apple はニューヨークのニックネームで，ニューヨークは食べられないが，同時に文字どおりの読みの「大きなリンゴ」だと食べられる．このニックネーム読みと文字どおりの意味とのしゃれでおもしろくしている．

(17) Mark： I think our cat is a genius!
   Lark： Why?
   Mark： Because I asked her what one minus one equals and **she said nothing**! (Yoe (2001: 228))
  （マーク： 私たちの猫は天才だと思うよ．

ラーク: なぜ？
マーク: 1マイナス1は何かって聞いたら，ナッシングと言ったから.)

she said nothing を通例は「猫は何も言わなかった」の意と解釈するが，マークは「ナッシング（＝ゼロ）と言った」と解釈し，両者にずれが生じている．

(18) What happened when the strawberries got into a car accident?
They caused **a traffic jam**! (ibid.: 266)
（イチゴが車の事故にあったらどうなったか？
トラフィック・ジャムを引き起こした.）

jam を「(交通) 渋滞」の意と取るか「ジャム」の意と取るかのずれ．

次は弁護士のジョーク（lawyer joke）の例：

(19) Q: Why won't **sharks** attack **lawyers**?
A: They don't attack animals of their own species.
(Yus (2008: 86))
（質問: なぜ，サメは弁護士を襲わないの？
答え: サメは自分と同種の動物は襲わないんだ.）

lawyer は，概念（concept）の百科辞書的項目（encyclopaedic entry）では①「弁護士」の意だが，ここでは，サメと弁護士が同じグループに入り，②「(弁護士とは) サメに似ていて，敵を一撃でやっつけるような仕事」の意へと本来の概念からずれが生じている．

(20) Q: What's the difference between a lawyer and a **vampire**?
A: A vampire only sucks blood at night. (ibid.: 86)

（質問： 弁護士と吸血鬼の違いは何か？
　答え： 吸血鬼は夜にだけ血を吸う.）

弁護士 (lawyer) は吸血鬼と違い（夜だけでなく），一日中どんなときでも人の血を吸うようなむごい仕事であると暗に推意で伝えている．

(21)　Mindy:　The **pigs** in our neighborhood are into recycling.
　　　Cindy:　How so?
　　　Mindy:　They're turning garbage into dinner.

(Rissinger and Yates (1999: 23))

（ミンディ：　うちの近所の豚はリサイクルしているね．
　シンディ：　どうしてリサイクルしてるの？
　ミンディ：　ゴミをディナーにかえているよ．）

想定（知識）：豚は残飯（＝ゴミ）を食べる．ここでは dinner（ディナー）の概念が通常の「夕食」の意から「豚の食べる残飯」の意へと概念がルースに変化している．

　次はメタファーの例：

(22)　Andy:　My teacher's a **peach**.
　　　Mandy:　You mean she's sweet?
　　　Andy:　No, I mean she has a heart of stone.　　(Howell (2003: 49))

（アンディ：　僕の先生はピーチだよ．
　マンディ：　優しいっていう意味なの？
　アンディ：　いいえ，ストーンの中にハートがあるっていう意味．）

a heart of stone には ①「モモの種の芯」と ②「石のような心」の両方の意があり，ここではピーチとのリンクで，表現 a heart of stone は ① を指して，実は，② を暗に示しているところからずれが生じておもしろくなっている．

(23)　Nurse, I can't stop clucking and it frightens me.
　　　Oh, don't be such a **chicken**.　　　　　　　　　　(ibid.: 8)

（看護婦さん，せきばらい（コッコッとなく声）が止まらないので，怖くて．
　まあ，そんなにチキン（弱虫）にはならないように．）

chicken はここでは clucking が「にわとりがコッコッと鳴く声」とのリンクで，chicken は「鶏のように鳴くこと」の意となり，frighten（怖がらせる）とのリンクで，「弱虫」の意と解釈することのずれが生じ，笑いとなっている．

## 1.2. 高次レベルの表意 (Higher-level explicatures)

高次の表意とは発話により明示的に伝達された想定であるが，基本レベルの表意 (basic-level explicature) でないものを指す: A higher-level explicature: an assumption that is explicitly conveyed by an utterance (i.e. an explicature), but is not the basic level explicature of an utterance (Allott (2010: 87))．

(24) Diner: Waiter! **There's a fly in my soup!**
　　　 Waiter: Please, don't shout so loudly. Everyone will want one.
　　　　　　　　　　　　　　　　　　　　　　　　　　　　　　　(Yus (2008: 87))
　　　(食事している客: ちょっと君，スープの中にハエが入っているじゃないか．
　　　 ウェイター: どうか，大きな声で叫ばないでください．みなさんが欲しがりますから．)

① I am glad that there's a fly in my soup. (スープにハエが入っていてうれしい．) [I am glad「私はうれしい」というところが高次の表意で喜んでいることを示す] ② I am complaining that there's a fly in my soup. (スープにハエがは入っていると文句を言っているんだ．) [I am complaining「私は文句をいっているんだ」の部分が高次の表意で，怒っていることを示す] 高次の表意の解釈が常識ではスープにハエがあると②のように客が文句を言うと解釈するのが普通なのに，ここのジョークではウェイターが①のようにハエがスープに入っていて客が喜んでいると解釈するという，両者のずれでおもしろくなっている．

コラム 4

高次表意は従来は**発話行為**（speech act）の**発語内行為**（illocutionary act）として扱われてきたが，関連性理論では http://www.ua.es/personal/francisco.yus/rt.html を参照のこと：Wilson and Sperber (1998) "Mood and the analysis of non-declarative sentences." なお，関連性理論以外の文献として重要なものは Austin (1962) *How to Do Things With Words* や毛利 (1980)『英語の語用論』などがある．

(25)　Customer：　Waiter, **there's a spider in my soup!**
　　　Waiter：　Don't worry, sir.　There's not enough for it to drown.
　　　　　　　　　　　　　　　　　　　　　　　　　　(Harris (2010: 375))
　　　（客：　ちょっと君，君，スープの中に蜘蛛が入っているじゃないか．
　　　　ウェイター：　心配しないでください．蜘蛛がおぼれるほどスープはいっぱい入っていませんから．）

① I'm worried that there's a spider in my soup.（スープの中の蜘蛛のことを心配しています．）　② I'm complaining that there's a spider in my soup.（スープに蜘蛛が入っていると文句を言っている．）　両者のずれでおもしろくなっている．

(26)　Customer：　Waiter, **there's a fly in my sauce!**
　　　Waiter：　No, sir, that's a cockroach.　The fly is on your steak.
　　　　　　　　　　　　　　　　　　　　　　　　　　(ibid.: 374)
　　　（客：　ちょっと君，ぼくのソースの中にハエが入っているじゃないか．
　　　　ウェイター：　いいえ，それはゴキブリですよ．ハエはステーキにたかっていますから．）

① I say to you that there's a fly in my sauce.（教えてやるが，私のソースの中にハエがはいっているよ．）　② I'm complaining that there's a fly in my sauce.（私のソースの中にハエが入っていると文句を言っている．）　両者のずれの

理解が必要．

(27) 　Customer： Look out, waiter! **Your thumb is in my soup!**
　　　　Waiter： Don't worry, sir.　It's not hot.　　　　(ibid.: 373)
　　　（客： ちょっと君，気をつけてくれよ．君の親指がぼくのスープの中に入っ
　　　　ているじゃないか．
　　　ウェイター： 心配しないでください．スープは熱くないですから．）

① I'm worried that your thumb is in my soup.（あなたの親指がスープの中に入っているんじゃないかと心配している．）　② I'm complaining that your thumb is in my soup.（あなたの親指がスープの中に入っていると文句を言っている．）　② は普通で ① の解釈は異常だがジョークでは ① の解釈でおもしろくなっている．

　なお，Ritchie (2004: 42) は高次表意を次のように述べている： the humor lies in an erroneous identification of the higher level explicature: "I am glad that ..." (less likely but correct) instead of "I am complaining that ..." (more likely but incorrect)．

# 第2章

# 推意に基づくジョークの分析

推意とは**非明示的** (implicit) 命題のことで**推意前提** (implicated premise) と**推意帰結** (implicated conclusion) の2種類がある（詳しくは Carston (2002: 139) を参照のこと）．

---

コラム5

日本語の例（例文はある女子大生からの情報提供による）：

(i) 〈状況： 友だちがバイクで自宅を訪ねてくるが，待っているがあまりに到着がおそいでの心配して携帯で連絡して，バイクの友だちに向かって質問すると〉
A: いまどこ？
〈バイクの友だちが答えて〉
B: **病院**
A: それは，たいへんや．どこけがしたん？
B: けがはしてないよ．おまえの家の近くの病院の前にいるよ．

ここでBの発話：「病院」は「Bがけがして病院で治療している」ということを暗に伝えるとAが理解するプロセスには次のような推意前提と推意帰結が関わる．

**推意前提**： もしもあるバイクにのってきていた人が病院にいると（=P），

その人はけがをして治療している（＝Q）．

Bの発話「病院」はPである（＝P）ので，

　　推意帰結：（Bは）けがをして治療している（＝Q）．

上記の例でおもしろいのは，前半では聞き手Aは推意前提と「病院」という発話で，計算して，推意帰結の「けがして治療している」と思うが，Bの「病院」という発話だけで本当に伝えたかった表意は「いま，病院の前でバイク止めて，君の家をさがしている」であることが，後半のやりとりから分かるというどんでんがえしがあり，おもしろくなっている．

---

## 2.1. 想定（＝PならばQ），表意（＝P），それゆえ推意（＝Q）

(1) Two snakes were crawling along the ground and talking.
"Are we **venomous snakes**?" one snake asked the other.
"Yeah, you bet we've venomous!" said the second snake proudly.
"We're rattlesnakes! We can kill anything with just one bite! Why do you ask?"
"Because I just bit my tongue."

(Live ABC (2010: 103))

（2匹のヘビが地面をはいながら話していました．
「僕たちって毒ヘビ？」
「そうさ，もちろん毒ヘビさ」
聞かれたヘビは得意げに言いました．
「僕たちはガラガラヘビさ！ ひとかみでどんなものでも殺せる！ なんでそんなことを聞くの？」
「だって僕，今，自分の舌をかんじゃったんだ」）

想定〈＝推意前提〉： ① もしも毒ヘビがひとかみすると（＝P），どんなものでも死ぬ（＝Q）．表意：僕（＝毒ヘビ）は自分の舌を今かんだ（＝P）．推意〈＝推意帰結〉：その（自分をかんだ）毒ヘビは死ぬ（＝Q）．（参考：**前件肯**

定規則. 想定 P なら Q，表意 P，結論 Q（三浦俊彦（2002: 45）『論理学入門：推論のセンスとテクニックのために』））.

なお，説明の簡略化のためにここでは複雑な理論化形式化はできるだけ省略している．「どんなものでも死ぬ」（＝Q）としてあるが，詳しく書くと，量化が関わっていて「すべての x について，x は死ぬ」と表記され，（∀x）全称量化子が関わり，「ある x について x は死ぬ」は存在量化子（∃x）が関わる．詳しくは三浦（2002: 68-69）参照のこと.

(2) A student put up an ad in his college library to sell one of his old books. The ad said, "Introduction to History, never used! Only eight dollars! Must sell! Call Mark!"
The next day, another student wrote on the ad, "Good price. Are you sure it's never been used before?"
Below the question another person wrote, "Yes, I am sure. I am his **history professor**." (Live ABC (2010: 11))

（ある学生が，古本の1冊を売ろうと，大学の図書館に広告を貼り出しました．広告にはこう書いてあります．「『歴史入門』．未使用！　たった8ドル！　必ず売りたし！　マークまで電話を！」
翌日，別の学生が広告に書きました．
「安いね．本当に使ってないのか？」
質問の下に別の人が書きました．「それは間違いない．私は彼を教えている歴史の教授です」）

想定: If the student has never used the history book before (＝P), the student must have failed the history exam (＝Q).　表意: I (＝the history professor) am sure that the book (＝Introduction to History) has never been used before (＝P). I am his (＝the student who put up this ad) history professor.　推意: The student must have failed the history exam (＝Q).
つまり，その学生は歴史の本（＝教科書）をまったく読まないで，試験を受けたので，歴史の授業の単位はとれなかったと暗に伝えている．

## 2.2. 想定（＝P ならば Q），発話（＝NOT Q），それゆえ推意（＝NOT Q ならば NOT P）

(3) Why are you singing to your baby?
   I'm trying to get **the baby** sleep.
   If I were that baby, I'd pretend to sleep already.

(Keller (1998: 35))

　（なぜ，赤ん坊に歌っているの？
　　眠らせようとしているんだよ．
　　私が赤ん坊だったら，とっくに眠ったふりしてるよ．）

想定：歌が上手なら（＝P），寝たふりをしない（＝Q）．発話：寝たふりをした（＝NOT Q）．
　（推意）寝たふりをした（＝NOT Q）なら，歌が上手ではない（＝へたくそである）（＝NOT P）が，想定と発話から引き出される．（参考：**対偶法**．想定 P ならば Q，表意 NOT Q，結論 NOT Q ならば NOT P．三浦（2002: 45））．

## 2.3. 知識（＝想定）とジョーク

語彙的知識の対立によるジョーク

(4) It takes a lot of experience to **kiss** like a beginner.　　(PG, p. 538)
　（初心者のようにキスをするには多くの経験を必要とする）

beginner は語彙的知識により定義上，「経験のないこと」を暗に示すが，表現された a lot of experience「たくさんの経験」の意と対立することによりおもしろさが生じる．

(5) "What is **the cheapest time to call** my friends?" "When they are out."　　(PG, p. 1092)
　（「友だちに電話するのに一番安い時間帯っていつ？」「友だちが留守のとき」）

知識：留守なら，電話がつながらなくて料金がただだから．

(6) The best way to remember your **wife's birthday** is to forget it once.

(PG, p. 1281)

(妻の誕生日を忘れない一番いい方法は一度忘れることだ)

知識：一度忘れると，妻がとても怒るから二度と忘れなくなるから．

(7) A dog saw a job ad in a window. He walked into the company with the ad in his mouth.
The boss laughed and said, "I can't hire you. You're a dog."
The dog pointed to the ad where it said, "Anyone may apply."
"Type me a letter," said the boss. The dog went to a computer and typed a perfect letter.
"OK, I'll hire you if you can speak **another language**."
The dog looked up at the boss and said, "Meow."

(Live ABC (2010: 15))

(1匹の犬が窓に貼られた求人広告を見ました．犬は広告を食わえ，その会社に入っていきました．
雇い主は笑って言いました．
「君を雇うことはできないよ．君は犬だからね」
犬は「誰でも応募できます」と書いてある広告を指さしました．
「手紙を打ってみて」と雇い主は言いました．犬はコンピュータのところに行って，完ぺきな手紙を打ちました．
「分かった．もし外国語が話せるなら，君を雇おう」
犬は雇い主を見上げて言いました．「ニャオー」)

知識：① 通常の知識：日本人にとってもうひとつの言語 (another language) とは英語など．② このジョークでの知識：犬にとってのもうひとつの言語とはネコ語など．

(8) Barber: Excuse me, sir, but is that ketchup on your shirt?
Customer: Ketchup? No, why?
Barber: Uh—oh, I'd better call **911**.

(Rissinger and Yates (1999: 16))

(散髪屋：すいませんが，シャツについてるのはケチャップですか？
客：ケチャップですか？いいえ，どうして？

散髪屋： えっと困ったなあ，救急車呼んだほうがいいかなあ．）

聞き手の知識（想定）：

① ケチャップは赤い色をしている
② 血は赤い色をしている
③ 散髪屋ではかみそりでひげそりをする
④ かみそりで切ると，血がでる
⑤ 大量に血が出ると，救急車を呼ばないといけない
⑥ 911 はアメリカで救急車を呼ぶときの電話番号（ちなみにイギリスは 999）である

表意：I（= the barber）had better call an ambulance.（= P） 想定：If the barber had better call an ambulance（= P），then the customer was cut by the barber and was bleeding a lot.（= Q） 表意（P）＋想定（推意前提（P ならば Q））→ 推意（推意帰結 Q）(the customer was cut by the barber and was bleeding a lot.)．客が散髪屋によって間違ってかみそりで切られて，かなり出血して切られて血まみれで救急車で運ばれる場面が読み取れると，このジョークの理解が可能となる．表意にはどこにも，このような明示的な表現はないが，聞き手は知識（想定）を呼び出すことで，このような理解にたどりつくことが可能である．

ここでは，I'd better call 911.（救急車をよんだほうがいいね）と言ったこと（表意）から，聞き手の知識を用いて，**三段論法式**に演算して，その結果，推意として The customer was cut by the barber and was bleeding a lot（散髪屋がひげそりで剃刀で間違って客を切って，客が血だらけなっている）ことが暗に伝わるという説明が関連性理論で可能となる．聞き手が表意と想定とで言いたいことを計算して，推意を導いていることになる．このように表意（P）とはまったく異なる**命題（Q）**を暗に伝えることを推意（implicature）という．聞き手が発話（P）を聞いて，すぐにオンラインの計算にのる想定を**コンテクストとして選び出し**（context selection），その結果，**コンテクスト効果**（contextual effect）として，推意（Q）を導くことになる．コンテクストとして想定と演算には処理労力（processing effort）が必要となり，この**処理労力**と認知効果の二つの要素で，**関連性**という用語は以下のように規定さ

れている:

> 関連性(relevance)とは認知プロセスへ入力となるもの(視覚・聴覚などの知覚,発話,思考,記憶,推論など)の特徴で,コンテクスト効果(contextual effects)(あるいはより一般的に認知効果(cognitive effects)という)と処理労力(processing effort)により決まるものである.

認知効果とは頭の中の認知環境に何らかの変化をもたらすことで3種類がある:(i) さらに証拠を示して,既存の想定を強化する場合,(ii) 新たに証拠を示すことで間違っていると思われる想定を削除する場合,(iii) 新しい情報と既存の想定との演算で新しい推意帰結(contextual implicationという)を作り出す場合がある.

**関連性理論の原則1(認知原則):** Cognitive Principle
人間の認知は関連性(すなわち,できるだけ小さな処理労力でできるだけ多くのコンテクスト(認知)効果を達成すること)を最大にするように方向付けられている(Sperber and Wilson (1995$^2$: 260), Carston (2002: 379)).

**関連性理論の原則2(伝達原則):** Communicative Principle
すべての意図明示伝達(発話も含む)行為は最良の関連性(optimal relevance)の見込みを伝達する(Sperber and Wilson (1995$^2$: 260), Carston (2002: 379)).

**最良の関連性**(optimal relevance)とはある発話(utterance)が解釈されるときに次の二つの条件を満たす場合である:(a) 聞き手の注意に十分値するコンテクスト効果を生み出すこと;(b) 聞き手にそのコンテクスト効果を達成させるのに不必要な処理努力を課さないことである.最良の関連性とは**最大の関連性**(maximal relevance)ではなく,通常は聞き手が到達する最初の解釈が最良の関連性であり,とても弱い主張である.関連性の原則が他の語用論により提案された原則,公理などと違う点は(a) 人が効果的に伝達するために知って(know)いなければならないものではないこと,(b) 人がそれに従ったり,従わなかったりするものではないこと,(c) 人間の伝達行動に関する例外のない一般化であるということである.

関連性理論の目的は聞き手がすばやく相手の言いたいことを理解し,自動的に発話など**意図明示的**(ostensive)刺激にのみ反応する**領域固有性**

(domain-specificity) を持つことである．関連性理論では語用論は相手の**心を読むモジュール** (mind-reading module) に属し，関連性に基づく理解モジュールを脳の中に形成していると考えることである．それゆえ，関連性理論は最終的には**人間の内的システム** (sub-personal systems) の解明をめざしているのである (Sperber and Wilson (2002), Carston (2002: 7))．

## 2.4. 矛盾した推意により生ずるジョーク

推意①②のずれによるジョーク

(9) Gert: The TV reception at our house is terrible.
　　Bert: How bad is it?
　　Gert: It's so bad, we get only **two channels**—on and off.

　　　　　　　　　　　　　　　　(Rissinger and Yates (1999: 66))

　（ガート： わが家のテレビはひどいの．
　　バート： どんなにひどいの．
　　ガート： とてもひどくて二つのチャンネルしか映らないの，オンとオフだけ．）

表意: we get only two channels（二つのチャンネルしか映らない）．知識: ① If we get only two channels, then we can watch only two channels such as Channel 2 (CBS) and Channel 7 (ABC). 二つのチャンネルとはたとえば CBS と ABC のような二つのチャンネルしか見られないことである．表意＋知識① → 推意① = we can watch only two channels.

表意: on and off. 知識: ② If we get two channels On and Off, then we can watch only one channel (e.g. ABC). オンとオフでということは一つのチャンネルしか見られないことである．表意＋知識② → 推意② = we can watch only one channel（一つのチャンネルしか見られない）．

推意①からテレビで二つのチャンネルが見られると暗に言いながら後半のオンとオフで推意②では，一つのチャンネルしか見られないことが分かり，推意にずれが生じて笑いの源となっている．また，ついたり，消えたりすることを二つのチャンネルと表現していることばあそびにもおもしろさが感じられる．

(10) **Fortune-teller**, gazing into crystal ball, to **Frog**:
'You are going to meet a beautiful young woman. From the moment she sets eyes on you she will have an insatiable desire to know all about you. She will be compelled to get close to you—you will fascinate her.'
Frog: 'Where am I? At a singles club?'
Fortune-teller: 'Biology Class.'
(*Reader's Digest,* January 1984) (Jodlowiec (1991a), Jodlowiec (1991b: 247)
(占い師がクリスタルのボールを見ながら、カエルに言いました.
「あなたは若くて美しい女の子に会います.その瞬間からその女性はあなたのすべてを知りたいと考えるでしょう.女の子は近づいてきて、あなたはその女性をうっとりさせるでしょう」
カエル:「ぼくはどこにいるの？ 独身クラブでその女性と会うの？」
占い師:「生物のクラスにいます」)

この例は、カエルは「若い独身の女性と会えてうれしい」.すなわち、推意①として「カエルは生きて楽しんでいる」.それに対して占い師は落ちでその場所を「生物のクラス」といい、女子学生がカエルを解剖しているところと暗に言って、推意②「カエルは殺される」と最後にぐさっと切られて死ぬというオチになっている.推意①②が生死に関して正反対の内容となるところから、ジョーク解釈が生じている.

## 2.5. ばかげた想定を用いて生じるジョーク

(11) Clerk: This **computer** will cut your work in half.
Customer: Good. I'll take two of them.　　　(田中 (2004: 161))
(店員: このコンピューターで仕事は半分にカットされますよ.
客: よかった. 2台ください.)

ばかげた想定:仕事量が1台で半分で2台だと、すべて人間のやっていたことをコンピュータがしてくれるので、2台買うと仕事しなくてよいというばかげた想定.

(12) A **vampire** took an ocean cruise. He went into the dining room and said,
"I'm starving."
"Would you like to see a menu?" said the waiter.
"No," answered the vampire. "Just bring me the passenger list."
(Keller (1998: 18))
(吸血鬼が船旅をし，ダイニングルームに入って次のように言った．
「腹へって死にそうなんだ．」
「メニューをご覧になりますか？」とウェイターは尋ねると，
吸血鬼は「いいえ結構です．乗客名簿もってきてくれ」と言った．)

異常な想定：吸血鬼の食事は人の血を吸っているので，乗客名簿がメニューである．

(13) Son, I think you should wash your hands. The piano teacher is coming here in ten minutes.
Don't worry, Mom. I'll only play the **black keys**. (ibid.: 26)
(手を洗わないといけないと思うよ．10分したらピアノの先生がここに来るよ．
お母さん，心配しないでいいよ．黒い鍵盤だけ弾くから．)

ばかげた想定：手が汚れていたら，白い鍵盤は弾かないで，黒い鍵盤だけひくと，鍵盤はよごれない．

(14) A small boy of seven cracked the following rather "sick" joke:
"Doctor, doctor, I've only got fifty-nine seconds to live," cried a patient in despair.
The doctor replied, "Just **wait a minute** and I'll attend to you."
(Kirkup (1976: 27))
(7歳の少年が次のような病気のジョークを考えた．
「お医者さん，ぼくはあと59秒しか生きられません」と患者はがっかりして叫んだ．
医者は「ちょっと待って（1分間だけ待って），そうしたら見てあげるから」

医者のJust wait a minuteを定型表現の「ちょっと待って」の意でなく，文字どおりの「1分間待って」の意と解釈するところにおもしろみがある．59秒しか生きられないので，1分間待つと死んでしまうという推意で，落ちとなっている．

(15) Buffy:　When my weird old aunt died she was cremated and had her ashes scattered all over the **mall**.
　　　Muffy:　Why the mall?
　　　Buffy:　So her family would be sure to visit her twice a week.
　　　　　　　　　　　　　　　　　　　　　　(Rissinger and Yates (1999: 68))
　(バフィー：　私の風変わりな年のいったおばさんが亡くなったときに，火葬され，ショッピングセンターに遺灰がばらまかれたの．
　　マフィー：　どうしてショッピングセンターなの．
　　バフィー：　だって，週に2回家族が間違いなく行けるところだから．)

ばかげた想定：お墓参りに行くのは通例はお墓であるが，ここでは1週間に2回みんながお参りに行けるところは，ショッピングモールという落ちである．

## 2.6. ばかげた推意に基づくジョークタイプ1

(16) When I bought this car you guaranteed you'd fix anything that broke.
　　　Yes, sir.
　　　Then I want a **new garage**.　　　　　　　　　(Keller (1998: 22))
　(この車を買ったときに，こわれたらどんなものでも修理する保障をつけてくれましたね．
　　はい，そうですよ．
　　それじゃ，新しいガレージをお願いします．)

ばかげた推意：車を買って，なんでもこわれたものは修理すると言ったので，ガレージをこわしたので修理してもらうという話で，常識的には車のどこか一部の故障が修理の補償範囲であり，ガレージは保障対象外であるはず

だが，ジョークなので，この対象外のガレージなども修理範囲に入るという話．

(17) DAD: Do you want to go this summer?
　　　SON: Somewhere I haven't been in months.
　　　DAD: How about the **barber shop**? 　　　　(ibid.: 90)
　　　（お父さん： 今年の夏，どこかに行きたいかなあ？
　　　　息子： 何か月も行ってないところへ行きたいよ．
　　　　お父さん： それじゃ，散髪屋はどうかなあ．）

ばかげた推意：散髪に何か月も行っていない．夏休みに何か月も行っていないところに行く．それゆえに，夏休みには散髪に行くという普通ではない結論に達している．

(18) Two taxis collided and 30 **Scotsmen** were taken to hospital.
　　　　　　　　　　　　　　　　　　　　　　　　　　　　　（Woody Allen）
　　　（2台のタクシーが衝突して30人のスコットランド人が病院に担ぎ込まれたよ．）

ばかげた（異常な）推意：スコットランド人が2台のタクシーに30人乗っていた．これは，彼らがとてもけちだからである．

## 2.7. ばかげた推意に基づくジョークタイプ2：おおげさな表現

表意＋知識 → 推意（＝おおげさな推意）

(19) Principal: Dennis, why must you lie all the time?
　　　Dennis: How do you know I'm **lying**?
　　　Principal: Your lips move. 　　（Rissinger and Yates (1999: 34)）
　　　（校長： デニス，どうしていつもうそをつかないといけないの？
　　　　デニス： どうしてぼくがうそをついているの分かるの．
　　　　校長： 唇が動くから．）

知識（想定）：If you are speaking (＝P), then your lips move (＝Q). （話していると，唇が動く）　表意：If your lips move (＝Q) then you are lying

(＝R). 推意: If you are speaking (＝P), you are lying (＝R). (君は話すと，うそをついている，つまり，話しているときは常にうそをついていること暗に示す). **仮言三段論法** P ならば Q，Q ならば R，結論は P ならば R となる (三浦 (2002: 45)).

(20) Ike:　We just moved into **the smallest house** in town.
　　　Mike:　How small is it?
　　　Ike:　It's so small, when you eat in the kitchen, your elbows are in the living room.　　　　　(Rissinger and Yates (1999: 65))
　　　(アイク:　私たちは街で一番小さい家に引っ越ししたんだ．
　　　マイク:　どれくらいの大きさなの？
　　　アイク:　とても狭くて，キッチンで食事すると，両肘はリビングにつきでるよ．)

大げさな推意: キッチンで食事すると両肘はリビングにはみ出るくらい狭い家に住んでいる．

## 2.8.　二つの矛盾する想定に基づくジョーク

　次例では，通常は上院議員が紳士であると考えるのに対し，ここでは，紳士でないという矛盾する想定も考えることになり，そのずれでおもしろくなっている．

(21) Peter:　Who was that gentleman I saw you with last night?
　　　Mary:　That was no gentleman.　That was a **senator**.
　　　　　　　　　　　　　　　　　　　　　　　　(Curcó (1995))
　　　(ピーター:　昨夜ぼくが見た君と一緒にいたあの紳士はだれだったの？
　　　メアリー:　あの人は紳士ではなくて，上院議員でした．)

　発話: That was no gentleman.　That was a senator.
　通常の想定①:　Senators are gentlemen.
　異常な想定②:　Senators are not gentlemen.
　発話: P
　二つの矛盾する想定:　P なら＋Q

$$P \text{ なら} -Q$$
推意：　+Q
　　　　 −Q

## 2.9. 平行処理に基づくジョーク

(22) HOTEL OWNER: I won't charge you for the breakfast because you didn't eat it.
GUEST: Thanks. By the way, I didn't **sleep** last night.

(Keller (2003 : 19))

(ホテル・オーナー： 朝ご飯食べなかったなら，朝ご飯はただですよ．
客： ありがとうございます．ところで，夕べは眠れなかったんだけど．)

　並行処理の想定：① 朝ご飯食べないと，朝ご飯の料金は無料．② 眠れないと，一泊の宿泊料金は無料．想定①：朝ご飯の料金を支払うときは（＝P）朝ご飯を食べたとき（＝Q）．結論①：朝ご飯を食べていないときは（＝NOT Q）朝ご飯の料金は払う必要はない（＝NOT P）．

　想定②：ホテルの宿泊代を払うときは（＝R），よく寝られたときである（＝S）．結論② よく寝られなかったとき（＝夕べは眠れなかった）（＝NOT S）なら，ホテルの宿泊代を払わなくてよい（NOT R）．**対偶法**により，並列して処理をしているところにおもしろさがある．推意：ホテルの宿泊料はただにしてほしいと客が暗に伝えている．

(23) There are three kinds of lies: a small lie, a big lie and **politics**.

(丸山 (2005 : 197))

'politics' という語が 'a small lie', 'a big lie' と並行処理され，政治が一番大きな嘘（a very big lie）ということを聞き手が推意で理解することで，通常のまともな政治（politics）の定義とのずれによりジョークのおもしろさが生じる．

(24) A mother went into her son's room early one morning to wake up. "Rise and shine, son!" she said. "It's time for school." "I don't want to go to school," said the son.

"Give me two reasons why you don't want to go," said the mother.
"Well, the kids hate me, and the teachers hate me, too!"
"Those aren't good reasons," replied the mother.
"Give me two reasons I should go," said the son.
"Well, for one, you're fifty-four years old, and for another, you're the **principal**!" (Live ABC (2010: 19))

(ある日の早朝，母親は息子を起こしに，彼の部屋に行きました.「朝よ！ 起きなさい！」と母は言いました.「学校に行く時間だよ！」
「学校には行きたくない」と息子は言いました.
「なぜ行きたくないのか，理由を二つ言いなさい」と母は言いました.
「うーんと，子供たちは僕が嫌いなんで．それから先生たちも僕が嫌いだ」
「そんなのは理由にならないわ」と母は言いました.
「僕が行かなくちゃいけない理由を二つ言って」と息子は言いました.
「そうね，ひとつは，あなたが54歳だから．もうひとつはあなたが校長だからよ！」)

A mother and her son とは，通例，母と息子で息子は小学生などだが，ここでの解釈では母と息子である校長先生との落ちとなっている．学校に行かない二つの理由は通例の子供の場合には仲間の子供にも嫌われ，先生にも嫌われているからであり，学校に行く二つの理由は54歳で，校長先生だからという落ちとなっている．

## 2.10. 質問（＝A and B の違いは？）答え（＝B は＋α），推意（＝A は－α）

(25) What's the difference between school and a mental **hospital**?
You have to show improvement to get out of the hospital.
(Keller (2007: 91))

(学校と精神病院との違いはなにか？
精神病院を出るには，病状改善しないといけない.)

推意：学校を出るときには，成績をあげなくてもよい．

## 2.11. 修辞疑問文によるジョーク

(26) A strict aunt came to tea and said to her niece, "Eat up your spinach, child, and you'll grow up to be beautiful."
"Didn't they have **spinach** in your day Auntie?" came the reply.

(Exley (1998: 19))

(あるきびしいおばさんが夕食に誘ってくれ，めいっ子に「ホウレンソウを全部食べなさい，そうしたら大きくなって美人になれるから」と言いました．「おばさんの若いころにはホウレンソウ食べなかったの？」とその女の子はやり返した．)

想定：ホウレンソウ食べたら（＝P），美人になる（＝Q）．表意：おばさんの若いころにホウレンソウ食べなかった（＝NOT P）．推意：美人でない（＝NOT Q）ならホウレンソウを食べなかった（＝NOT P）．ここでは，修辞疑問文により，推意の後件（NOT P）であることを示す，推意の前件（NOT Q）を暗に伝えることでめいっ子は口うるさいおばさんに「おばさんはいま美人でないよ」と逆襲しているところがおもしろい．

---

コラム 6

英語の tea は単にお茶を飲むだけではなく英国では以下のような意味で使用されることがオンライン辞書からも分かる．英国では tea と呼び夕方のはやい時間帯に食べる，熱を加えたお料理がでるちゃんとした夕食であり，紅茶だけでるのではないので注意が必要．

○ Longman Dictionary of Contemporary English online
http://www.ldoceonline.com/dictionary/
**tea**
MEAL
[uncountable and countable] British English
used in some parts of Britain to mean a large meal that is eaten early in the

evening → HIGH TEA → see usage note DINNER

○ Cambridge Dictionaries Online
http://dictionary.cambridge.org/dictionary/british/tea_2
**tea** noun（MEAL）
[U] a meal that is eaten in the early evening and is usually cooked

## 2.12. 数字を含むジョーク

(27) A man will **pay** $2 for a $1 item that he needs.
A woman will pay $1 for a $ 2 item that she doesn't need.
(http://www.bladi.net/forum/79526-romance-mathematics/)
（男とは必要な1ドルの物に2ドル支払うが，女とは必要のない2ドルの物に1ドル支払う．）

推意：男女で2ドルと1ドルの数字が逆転していて，言いたいことは男は安いものでも必要なら，高いお金を払っても入手するが，女は高いものが安くなると，必要なくても衝動買いするという男女の買い物に対する精神的な違いをジョークにしている．

**数字の入った類例**：

(28) Teacher: Bobby, can you name the four **seasons**?
Bobby: Salt, pepper, vinegar and mustard.　　(Gyles (1980: 22))
（先生：ボビー，四つのシーズンを言えますか？
ボビー：塩，コショウ，お酢，からし．）

season（季節）と seasoning（調味料）の聞き間違い，あるいは，理解の間違いによる．

(29) Teacher: Name six **wild animals**.
Pupil: Two lions and four elephants.

(Archibold, Brown and Hurt-Newton (1999: 158))
(先生: 野生動物の名前を6つ言いなさい.
生徒: 2匹のライオンと4匹の象.)

通常なら6種類の違った野生動物の名前をあげるが，この生徒は野生動物を合計6匹だから，ライオン2匹と象4匹といったところがずれている．

第3章

# さまざまな類似性に基づくジョークの分析

　類似性と**認知** (Cognition) について関連性理論では次のように考える．たとえば，〈ひものように長いもの〉を「ヘビ」に見立てて遊ぶことができる．

　これは，人間の認知は厳密に**数量化した** (quantitative) 概念に基づくよりは，ものの**比較に基づく** (comparative) 概念から成り立っていることを示す．また，この類似を伝達する話し手の意図は二つある．一つはその語がもともと指し示すものの性質を聞き手に伝えることと，もう一つは元のものに対する恐れとか驚きなど，話し手の感情や態度を示すことである (Wilson and Sperber (1992: 64))．類似性と言語表現についてみると，関連性理論ではあらゆるメタ表示（発話・思考・命題）が類似性に基づく表示として分析可能であると考える (Wilson (2000a, b))．

## 3.1. 音声的類似性

### 3.1.1. 単に音だけが似ている場合

(1) "Why can't a **bicycle** keep standing?"
    "Because it's **too tired**."　　　　　　　　(PG, p. 1606)
    (「自転車はどうして立っていられないの？」
    「あまりにも疲れているから」)

two-tyred「タイヤが二つある」とのしゃれ．表意①: The bicycle cannot stand up because it (= the bicycle) is too tired. 表意②: The bicycle cannot stand up because it (= the bicycle) is two-tyred. bicycle「自転車」と two-tyred「タイヤが二つある」とのリンクと，立ち続けると too tired「とても疲れる」とのリンクの両方の理解があってはじめてジョーク理解に至る．
　類例：

(2) Why do bikes need kickstands?
    Because they're too tired!　　　　　　　　(Keller (2007: 266))

(3) What do you call a mad astronaut?—An **astronut**.
    　　　　　　　　(Archibold, Brown and Hurt-Newton (1999: 79))
    (気が狂った宇宙飛行士を何と呼びますか？—アストロナット．)

astronaut「宇宙飛行士」と astro「宇宙の」+ nut「馬鹿」の発音が似ているから．

(4) "What did the fish say when he hit the wall?"
    "**Dam!**"　　　　　　　　　　　　　　　　(PG, p. 384)
    (「壁にぶつかった時，魚は何と言ったでしょう？」
    「ダムだ」)

Dam「ダム」と Damn!「畜生」と音の類似性によるしゃれ．

(5) I'm the new manager of the doughnut shop.
    Are you in charge of everything?
    Yes, the **hole works**.　　　　　　　　　(Keller (1998: 61))

（私がドーナッツショップの新しく来たマネージャーです．
あらゆることに責任があるんですか？
はい，ホールワークに責任があります．）

ドーナッツの hole「穴の」の理解と everything に関わる whole「すべての」と理解し，両者（hole, whole）の音が似ているため．

(6) Teacher: Give me a sentence with '**analyze**' in it.
　　Peter: Anna says she never eats candy, but Anna lies.

(豊田（2003：3））

（先生：　アナライズ（分析する）を含む文を言ってごらんなさい．
　ピーター：　アナは決してキャンディーを食べないと言っていますが，アナライズしている（アナはうそをついている）．）

analyze「分析する」と Anna lies「アナがうそをついている」の発音の類似性による．

(7) How do you start a firefly race? **Ready, steady, glow**!

(*Trific Jokes*（2002：29））

（ホタルレースはどうしてはじめるのか？　よーい，ドン．）

Ready, steady, go「よーい，どん」と Ready, steady, glow「ぴかっと光れ」の音の類似性による．

(8) Why did the bald man go outside? To get some **fresh hair**.

(Random House Children's Books（2000：70））

（はげ頭の男はなぜ外に出たのか？　フレッシュなヘアを手に入れるため．）

fresh hair「生えたての髪の毛」と fresh air「新鮮な空気」との音の類似性による．

(9) What is Tarzan's favorite Christmas carol? **Jungle Bells**!

(Yoe（2001：155））

（ターザンのお気に入りのクリスマスキャロルは何ですか？　ジャングルベルです．）

Jungle Bells（ジャングルベル）と Jingle Bells（ジングルベル）の音の類似性．

(10)　What did Dracula say after biting his first victim?　**Necks**, please!
(Yoe (2001: 44))

（ドラキュラは最初の犠牲者にかみついた後でなんと言いましたか？　ネックをお願いします．）

Necks, please と Next, please!「次，お願いします」との音の類似性．

(11)　A:　Where do you leave your dog when you go shopping?
　　　B:　I don't know. Where do you leave your dog when you go shopping?
　　　A:　In the **barking lot**.　　　　　　　　　（小林・チータム (2005: 82)）
　　（A:　買い物をするときには，犬はどこにおいておきますか？
　　　B:　分かりません．あなたは買い物するときにはどこに犬をつないでおきますか？
　　　A:　バーキング場に．）

barking lot「吠える場所」と parking lot「駐車場」の音の類似性．

---

**コラム7**

　*ノック・ノック*　ジョーク (knock knock joke) とはドアをノックして，これに応えるというもので，まず，ドアをノックする音をまねて，最初の人が「ノック，ノック」という．この答えは「誰？」と聞くもので，そこで最初の人が自分の名前を言う（たとえばJohn）．しかし，名前だけでは分かりにくいので，名前に誰を付け加えて（たとえば，John who?）相手の名字を聞く．この質問に対する答えが「落ち」となる．音声的に名前に似たものを答えて遊ぶ．詳しくは小林・チータム (2005: 44-59) を参照のこと．

(12) Knock Knock! Who's there? William. William who? **William mind** your own business. (Yoe (2001: 105))
(トントン．どなたですか？ ウイリアムです．どのウイリアムですか？ 他人のことにお節介やかないでください．)

William mind と Will you mind との音の類似性．

(13) Knock Knock! Who's there? Leaf. Leaf who? **Leaf** me alone!
(Yoe (2001: 36))
(トントン．どなたですか？ リーフです．どのリーフですか？ わたしを一人にリーフしておいてください．)

Leaf me alone. と Leave me alone. 「ほっといてください」との音の類似性．

(14) Knock Knock! Who's there? Army. Army who? **Army afraid** I've forgotten. (Yoe (2001: 295))
(トントン．どなたですか？ アーミーです．どのアーミーですか．忘れたみたい．)

Army afraid と I'm afraid との音の類似性．

(15) Knock, Knock. Who's there? Astronaut. Astronaut who? **Astronaut** (= Ask not) what your country can do for you but what you can do for your country. (豊田 (2003: 5))
(トントン．どなた？ 宇宙飛行士．
宇宙飛行士のだれなの．宇宙飛行士は国が何をしてくれるかではなく，君が国に何ができるかだ．)

最後の行は故 John F. Kennedy 大統領の就任演説の一部で My fellow citizens of the world: ask not what America will do for you, but what together we can do for the freedom of man と言ったものを形式を残し，Astronaut と Ask not の音の類似性を用いている．

(16) Q: What do you call a deer with no eyes?
A: **No idea**. (Random House Children's Books (2000: 59))
(Q: 目のないしかをなんと呼びますか？

A：　ノー・アイ・ディア（＝分かりません）．

No idea は 'no eye deer'「目のないしか」と音が似ているから．

---

コラム8

次のように広告でも音の類似性が使用されている：

(i) **United Kingdumb**: Idiots from the British Isles. (2010, Andrews McMeel Publishing)（英国の馬鹿）[United Kingdumb は本のタイトルで United Kingdom との音の類似性]
(ii) Have a rice day（農林水産省）[Have a nice day. との音の類似性]
(iii) でんじろうのでんちしろう（Maxell）[発明家のでんじろうさんと，でんちしろうの音の類似性]

コラム9

次のように音の類似性を利用したものもある：

(i) 「禁煙」とかけて「率直に謝罪すること」と解くその心は「吸いません」[「すいません」とのしゃれ]　　　　　　　　　　　　　　（結城（2002: 23））
(ii) ハッピーニュー エア《◆イア》（ダイキンエアコン）
(iii) このたび新庄剛志はイッシンジョウの都合でデュダダしました．
　　　　　　　　　　　　　　　　　　　　　　　　　　　　　（デュダダ）
(iv) どっちが本命？ いまフグ《◆スグ》行こう！ 食べに行くカニ《◆カイ》
　　　　　　　　　　　　　　　　　　　　　　　　　　　　　（日本旅行）
(v) 新年のご挨拶とかけて響く歌声ととく　そのココロはがっしょう《◆賀正》　　　　　　　　　　　　　　　　　　　　　　　　（大阪市交通局）
(vi) これでも高いんですか？ 安井商店《◆やすい》
(vii) 談合三兄弟《◆だんご三兄弟》（2006年ヒットした表現をネタにした漫才）
(viii) 貝や《◆カイヤ》　　　　　　　（川崎・カイヤ夫妻のテレビ旅行記より）
(ix) ウィンドウズは立ち上がっていますか？ 座っています
　　　　　　　　　　　　　　　　　　　　　　　　　　　（桂文珍の落語より）

［定型表現（パソコンが）「立ち上がる」と文字どおりの表現「座っています」との対比に注意］

(x) 梅雨明けがいつになるかつゆ知らず　　　　（NHKラジオ番組より（2010））
(xi) 親介護するより先に解雇され　　　　　　　（山藤章二ほか（選）（2001: 44））
　　　［介護，解雇の音の類似性］

なお，日本語では文字の類似性を用いたものもある：

(xii) 続柄あわてて「妻」を「毒」と書き　　　　　　　　　　（ibid.: 21）
(xiii) 食べすぎに待っているのは体重刑《◆体重計》　　（毎日新聞 2005.6.19）
(xiv) 年中無給《◆年中無休》　　　　　　　　　　　（結城（2002: 127））

---

### 3.1.2. 同音異義語の場合

(17) Why is a battery like a prison?　Because both have **cells**!
　　　　　　　　　　　　　　　　　　　　　　　　（*Trific Jokes*（2002: 20））
（電池はなぜ刑務所に似ていますか？　両方ともセルがあるから．）

cell =「刑務所の独房」，「電池」の意で両義的．なお battery は cell の集合体．

(18) Why is a surgeon like a shop keeper?　Both start work at **opening time**!　　　　　　　　　　　　　　　　　　　　　　　（ibid.: 33）
（外科医はなぜ，商店経営者に似ているのか？　両方ともオープニングタイムから仕事を始める．）

opening time は外科医にとっては手術開始で「開腹手術」から始めるの意，商店経営者にとっては「開店時」から仕事を開始するの意．

(19) What did the fireman's wife get at Christmas?　**A ladder in her stocking**.　　　　　　　　　　　　　　　　　　　（Pickering（2006: 50））
（消防士の奥さんはクリスマスに何をもらったのか？　ストッキングの中にしごを入れてもらった．）

消防士と ladder「はしご」，クリスマスとソックスに入れたプレゼントとの

リンクで，ここでは，a ladder in one's stocking は定型表現では「ストッキングがやぶれて伝線すること」の意だが，文字どおりに「ストッキングの中に入ったはしご」の意もジョーク理解には必要となる．

(20) What animals are the best swimmers?
Elephants.　They always have **trunks** on.　　　(Yoe (2001: 160))
（どの動物が一番泳ぎがうまいか？
象です．いつもトランクスを身につけているから．）

trunks は「トランクス」の意と「ゾウの鼻」の意があり，いつも鼻があることと，いつもトランクスをはいているの両方の意味を理解することからジョークとなる．

(21) Why did the giant get into trouble at school?
Because he was telling **tall tales**.　　　(ibid.: 200)
（どうして巨人は学校でトラブルに巻き込まれたか？
背の高い話（ほら話）をしたから．）

巨人は大きいので tall tales は「背の高い話」と定型表現で「ほら話」の意でゆれるところからジョーク理解となる．tall の意味が問題となる．

(22) You should never tell a secret to a peacock because it always **spreads tales**.　　　(PG, p. 1555)
（クジャクには決して秘密を打ち明けてはいけない．いつも話を広げるから．）

spread tales「話を広げる」と spread tails「羽を広げる」とのしゃれ．

(23) What did the big bucket say to the little bucket?　You look like a little **pail**.　　　(Yoe (2001: 82))
（大きいバケツは小さいバケツに向かってなんて言いましたか？　小さいバケツみたい（顔色がちょっと悪いみたい）．）

pail「バケツ」と pale「顔色が悪い」の音の類似性による．

(24) Why was Cinderella thrown off the basketball team?　She ran away from the **ball**.　　　(Yoe (2001: 41))

（なぜシンデレラはバスケットチームから逃げ出したの．彼女はボール（舞踏会）から逃げたったから．）

ball に「ボール」と「舞踏会」の意がある．

(25) Did you hear that the pony can't talk? ... Yes, it's a little **hoarse**!
(ibid.: 229)

（ポニーは咳をしたときになんといいましたか？ すいません，ちょっと声がかすれています（小さな馬です）．）

hoarse「声がかすれる」と horse「馬」との音の類似性による．

(26) "Do you know why a room full of married people looks empty?"
"There's not a **single** person in it." (PG, p. 1423)

（「既婚者でいっぱいの部屋はどうしてがらんとしているか分かる？」
「独身者が一人（たった一人の人）もいないから」）

There's not a single person ... は「独身者がひとりもいない」とも「たった一人の人もいない」の意とも取れるから．

(27) "Which is the strongest day of the week?" "Saturday and Sunday. All the other days are **weak days**." (PG, p. 1725)

（「1週間で一番強いのは何曜日？」「土曜日と日曜日．残りは全部弱い日だから」）

weak days と weekdays「平日」とのしゃれ．

---

コラム10

音の類似性によるもので，日本語では携帯などの変換間違いでジョークとなる（詳しくはメタ言語によるジョークを参照のこと）．

(i) 正解はお金です《◆政界はお金です》
(ii) 共済課山田様《◆恐妻家山田様》

(iii) そうなんや，大変《◆遭難や，大変》
(iv) テレビの発する情報《◆テレビのハッスル情報》
(日本漢字能力検定協会「変換ミスコンテスト」より)

### 3.1.3. スプーナリズム（頭音転換 Spoonerism）

(28) A: What's the difference between a sick **elephant** and seven days?
　　 B: One is a weak one, the other is one week.
(Archibold, Brown and Hurt-Newton (1999: 139))
　　（A: 病気の象と7日間とはどのように違いますか？
　　　B: 一方は弱いもので他方は1週間です．）

weak one と one week とは語頭音が入れ替えとなっている．

---

### コラム 11

日本語の類似した例：

(i) ひげをはやせば暖かいのにはげをひやせば風邪をひく
(吉田徹と日本のダジャレ研究会 (2005: 126))

---

### 3.2. 統語的類似性

#### 3.2.1. 統語的あいまいさ

(29) Lady: Young man, will you **call me a taxi**?
　　 Doorman: Certainly, Madam.　You are a taxi.
(Driscoll (1990: 99))

(女性: ボーイさん，タクシー呼んでください（私をタクシーと呼んでください）．
ドアボーイ: はいかしこまりました．あなたはタクシーです．）

call me a taxi は統語的には「私のためにタクシーを呼ぶ」の意がふつうであるが，「私をタクシーと呼ぶ」の意も同じ構文からジョークで読み取れるところにおもしろさがある．

(30) Irving was walking past a department store when he saw a handsome-looking suit in the window. "May I try on that suit **in the window**?" he asked one of the store clerks.
"No, I'm sorry," replied the clerk, "you'll have to use the dressing room like everyone else." (Rissinger and Yates (1999: 71))
(アーヴィングはデパートを通りかかり，ウィンドーにあるカッコイイスーツを見つけた．店員に「① あのスーツをウィンドーの中で試着していいですか（② ウィンドーにあるあのスーツを試着していいですか）」
店員は「いいえ，すいませんが，他の人と同じように試着室でお願いします」）

in the window の修飾の違いで，try on を修飾すると①「ウィンドーで試着する」の意となり，that suit を修飾すると②「ウィンドーにあるそのスーツ」の意となる．

(31) Q: Why do cemetaries have fences around them?
A: Because people **are dying to** get in. (Harris (2010: 117))
(Q: どうして墓地の周りにフェンスがあるの？
A: みんなが ① 入りたがるから（② 死にかけているから）．）

表意①: Because people are dying to (＝are eager to) get into fences around cemeteries. 表意②: Because people are dying to get into cemeteries. 'are dying to' は ② die の進行形と解釈する場合と，① 'be eager to do' の意の場合であいまいとなる．

類例：

(i) How do you know cemeteries will always be popular?

Because people **are dying to** get in!  (Keller (2007: 37))
(墓地がいつも人気があるとどうして分かりますか？
なぜなら，人はそこに入りたくてしかたないから．)

are dying to を「しきりに...したい」の意と解釈し，人気があると説明している．本来は dying は「死にかけて」の意であるが．

### 3.2.2. 異分析によるもの

(32)  What was **Camelot**?  A place where people parked their camels!
(http://www.arwscripts.com/demos/jokessite/view-5403-what_was_camelot_a_place_where_people_parked_thei.html)
(カメロットってなんですか？ ラクダを止めておく場所です．)

表意: Camelot is a place where people parked their camels. 想定: カメロットとはアーサー王の宮殿があったという英国の伝説上の町．異分析(Metanalysis) により Camel + lot (= a parking lot) と分析するため．

(33)  Q:  What do you call a sleeping bull?
A:  A **bull dozer**.   (http://www.jokes2go.com/jokes/24820.html)
(Q:  眠っている牛をなんと呼びますか？
A:  ブル・ドーザー．)

bull dozer を牛がうたたねすると異分析をしているから．

---

コラム 12

日本語の文の分析の仕方のちがいによるもの：

(i)  **そう，実は初めてなんです**   (*AERA* 一行広告 (2006.9.4))
[**早実**（早稲田実業）が初めて高校野球で優勝したということ]
(ii)  **大女・優**（山田優）   (吉田徹と日本のダジャレ研究会 (2005: 32))
[大女優を大女と優に分けたもの]

(iii) 長男がね．小さい弟の面倒をよく**見てぐれた**んですよ． (ibid.: 65)
　　　［「見てくれた」と「見てぐれた」の類似］

(iv) 徒歩3分，整形医院　**目と鼻のサギ** (ibid.: 86)
　　　［「目と鼻のサギ」と「目と鼻のさき」との類似］

(v) 中居君の歌唱力を見せつける絶好のチャンスが...**音ずれた** (ibid.: 110)
　　　［「音ずれた」と「おとずれた」との類似］

### 3.2.3. 文レベルの類似性

(34) Why did the girl keep her violin in the fridge?
　　　Because she liked to **play it cool**.
　　　　　　　　　　　　　(Random House Children's Books (2000: 70))
　　　（なぜ女の子はバイオリンを冷蔵庫に入れたの？
　　　なぜなら，① 冷やして弾きたかったから（② カッコよく演奏したかったから）．)

play it cool の解釈は通例は ② だが，ここでは冷蔵庫とリンクして ① の解釈もされおもしろくなっている．

(35) **TV, or not TV,** that is the question. (田中 (2004: 87))
　　　（テレビを見るべきか見ざるべきか，それが問題だ．)

生か死かそれが問題である．To be, or not to be, that is the question. というシェイクスピアのパロディー．

$\boxed{\text{コラム 13}}$

　日本語での文レベルの類似性の例：

(i) 強盗： ある外国人が，東京の喫茶店でコーヒーを頼んだ．すると一杯が100ドル近くするという．たったコーヒー一杯で？ 彼は驚いてこう呟い

た.「普通の国の強盗は**頭にストッキング**をしているが、日本の強盗は**足にストッキング**している」　　　　　　　　　　　　　　　(早坂 (2006))
　　　　［〈頭にストッキング〉と〈足にストッキング〉との類似性］
(ii)　ニッポン人にシャネルの香水をかがせたら，**咳き込んだ**そうだ．フランス人にシャネルの香水をかがせたら，**セシボン**だそうだ．
　　　　　　　　　　　　　　　　　　(吉田徹と日本のダジャレ研究会 (2005: 16))
　　　　［〈咳き込んだ〉と〈セシボン〉との類似性］
(iii)　「あー見えても和田アキ子は女だったらしい」　　　　　　(ibid.: 17)
　　　　［「あー見えても和田アキ子は女らしい」との類似性］

コラム 14

パロディーとアイロニーの区別：
　**パロディーは形式の類似性，アイロニーは命題内容の類似性にもとづく．関連性理論による説明．**

コラム 15

日本語のパロディー（形式の類似性）の例：

(i)　男まざりの女　　　　　　　　　　　(吉田徹と日本のダジャレ研究会 (2005))
　　　［男勝りの女］
(ii)　太目をはばかる　　　　　　　　　　　　　　　　　　　　　(ibid.: 9)
　　　［人目をはばかる］
(iii)　人は人，我哀れ　　　　　　　　　　　　　　　　　　　　(ibid.: 97)
　　　［人は人，我は我］

### 3.2.4. 句 (Phrase) レベルの類似性

(36)　Customer:　Give me a hot dog.
　　　Waiter:　**With pleasure**.
　　　Customer:　No, **with mustard**.　　　　　　　　(Harris (2010: 374))

(客： ホットドッグください．
ウェイター： 喜んで（＝よろこびをつけて）．
客： いいや，マスタードをつけてお願いします．)

with pleasure「喜んで」と with mustard「マスタードをつけて」の形式の類似性．

(37) Why do bears wear **fur coats**? Because they would look silly in **raincoats**. (Yoe (2001: 51))
(なぜ熊は毛皮のコートを着ていますか？ なぜなら，レインコートを着ているとばかに見えるから．)

fur coats, raincoats の形式の類似性により．

## 3.3. 意味的類似性：命題内容の類似性

(38) "**My nose is running** and my feet smell." "Sounds like you're built upside down." (PG, p. 1332)
(「鼻は走るし，足はにおいをかいでいる」「まるで逆立ちしたような体だな」)

「鼻水が出るし，足はくさく臭う」がふつうの解釈．ジョーク解釈は文字どおりの異常な理解．

(39) What is the invisible man go insane?
 **Out of sight, out of mind**. (Yoe (2001: 60))
(透明人間が頭がおかしくなったらどうなる？
 去る者日々に疎し（目に見えない，心がなくなる）．)

ここでは out of sight, out of mind は「去る者日々に疎し」，という成句表現の意と，文字どおりの意，透明人間なので「目に見えない」の意と，頭がおかしくなっているので，「心がなくなる」の意とをかけているので，おもしろくなっている．

(40) Teacher: Which is farther away?—**Australia** or the moon?
 Bobby: Australia.

        Teacher:　Why do you say that?
        Bobby:　We can see the moon, and we can't see Australia.

                                                        (Gyles (1980: 24))
        （先生：　オーストラリアと月とどちらが遠いところにありますか？
         ボビー：　オーストラリア．
         先生：　どうして，そんなことが言えますか？
         ボビー：　月は見えてるがオーストラリアは見えていません．）

見えているものは近くにあり，見えていないものは遠くにあるというバカな想定に基づいている．

(41)　Customer:　Those sausages you sent me were meat at one end and bread at the other.
　　　Butcher:　Yes, madam, in these times, it's difficult to make both **ends** meat.　　　　　　　　　　　　　　　　　　(ibid.: 51)
　　　（客：　ぼくのとこに送ってくれたあのソーセージは片方の端が肉で，もう片方の端はパンでした．
　　　 肉屋：　はいそうです．今のご時勢では，両方の端を肉にするのはむずかしいのです．）

make both ends meet は「収支の帳尻を合わせる」の意の成句で，make both ends meat は「帳尻を合わせる」の意と「ソーセージの両側を肉にする」の文字どおりの意とをダブらせおもしろくしている．

## 3.4. イディオム，ことわざ，コマーシャルなどの定型表現との類似性

(42)　Thanks for trusting me with your secret.
　　　**Don't mention it**.　　　　　　　　　　　　　　　(Keller (1998: 70))
　　　（私を信用してくれてあなたの秘密を教えてくれてありがとう．
　　　 そんなことは言わないように（どういたしまして）．）

Don't mention it. は成句表現では「どういたしまして」の意だが，ここでは文字どおりに「そんなことは言わないように」の意で両者のずれに基づくお

もしろさ．

(43) What's worse than **raining cats and dogs**? **Raining elephants and hippos**.
　　　(http://answers.yahoo.com/question/index?qid=20090627070723AAjgs4k)
　　　(raining cats and dogs（土砂降り）よりさらに悪いのは何か？ Raining elephants and hippos（象とカバが天からふってくること）．)

raining cats and dogs は定型表現で「どしゃぶり」の意で，しゃれて，犬猫でなく象やカバが降ってくるとたいへんという創造的な表現で類似性に基づく表現．

　広告の変形で，ジョークとなるもの：

(44) A druggist put up a big sign in the front window: ―Smoking, or **forgetting your wife's birthday**, can be hazardous to your health.
　　　　　　　　　　　　　　　　　　　　　　　　　(丸山 (2002: 135))
　　　(薬屋が正面のウィンドーに大きな看板を掲げた：たばこを吸って，奥さんの誕生日を忘れると，あなたの健康に害を引き起こす危険性があります．)

もともとの健康を害するたばこの広告に，奥さんの誕生日を忘れると，健康に害するというしゃれ．

(45) First geologist: Why aren't you happy?
　　　Second geologist: Because my marriage is **on the rocks**.
　　　　　　　　　　　　　　　　　　　　　　　(Rissinger and Yates (1999: 92))
　　　(一番目の地質学者：なぜあなたは幸せじゃないんですか？
　　　　二番目の地質学者：なぜなら私の結婚は岩礁に乗り上げている（破綻寸前です）．)

on the rocks は地質学者が岩と関係するので，「岩の上」という文字どおりの意で定型表現は「破綻寸前」の意となりダブルミーニングとなっている．

(46) Why did the forest ranger change jobs?
　　　We wanted to **turn over a new leaf**.　　　(Keller (2007: 62))
　　　(どうして森林警備員は仕事を変えたのか？

生活を一新したかったから．）

turn over a new leaf「新しい葉っぱをひっくりかえす」は文字どおりの意で，森林警備員とこの文字どおりの意とのリンクを理解することがまず必要．定型表現では「生活を一新する」の意．

(47)　What song do cowboy pilots sing?
　　　**"Home, home on the plane!"**　　　　　　　　　　(ibid.: 128)
　　　（カウボーイがパイロットになるとどんな歌を歌う？
　　　"Home, home on the plane."）

もと歌の「峠の我が家」では Home, home on the range となり，range を plane に入れ替えている．

---

### コラム 16

音の類似性を用いた日本語おやじギャグ：行動での次のダジャレを参照のこと．(portal.nifty.com/special04/03/05/2.htm)

(i)　『モツを持つ』
(ii)　『トイレに行っといれ』
(iii)　『鶏肉はとりにくい』
(iv)　『梅はうめえ』

### コラム 17

子供の言語でも大小の比較など類似性に基づく次のような言い方がある：

(i) おにいちゃん，大きいのした／ちいちゃいのした

うんちは「大きいの」でおしっこは「小さいの」．なお，英語でも数字を使っての幼児語で number one はおしっこ，number two はうんちの意（参考: Number ten はダウニング街 10 番地，英国首相官邸の意）．

# 第 II 部

# ジョークと
# 関連性理論 II

## 〈応用編〉

第4章

# 日本語による笑いの分析

## 4.1. 吉本の笑いの分析

**吉本新喜劇と笑いのおもしろさ：音声的類似性に基づく例**
　吉本新喜劇の笑いには，バナナの皮で滑ってころぶような，ばかな動作と観客が判断して，自分ならこんなバカなことはしないという思いで笑うものもあるが，ここでは，ことばをとりあげ，特に音の類似性を用いたお笑いをすこし紹介しておく．

●辻本茂夫
　持ちネタの「あご」の音声的類似性をねらったもので以下ではどんどん変形させて，笑いを増幅させていることがよく分かる．

(1) 　辻本： 辻本茂夫です
　　　ボケ： そうですか，**あご本茂夫**さんですか
　　　辻本： 辻本です
　　　ボケ： **辻本あご吉**さん...
　　　辻本： ちがう！
　　　ボケ： **あごめんなさい**．
　　　辻本： ごめんなさいやろ！

　あごという語を類似した表現にどんどん入れている．辻本茂夫さんはあごがほかの人よりも突き出ていて特徴的なので，それをからかっている．

## 第4章　日本語による笑いの分析

### ●烏川耕一
顔が"ひょっとこ"に似ているので，その表現の揺れを楽しんでいる．《 》内は通常の表現を比較のために追加してある．

(2)　腰掛けながら
　　「**ひょっとこいしょ**《どっこいしょ》」
　　「あんた，**ひょっとこして**《ひょっとして》」
　　「あんた，**ひょっとこ前**《男前》やなぁ」
　　「**ひょっと**《ホット》コーヒーひとつ」
　　「**ひょっと**《ちょっと》来い」

ひょっとこに似た顔をからかって，類似表現を繰り返している．

### ●島田一の介
髪の毛が薄い．つまり，俗に言う"ハゲ"である．この語をどんどん展開している．意味のリンクや言い換えにも注意．

(3)　まず，ハゲているのでまぶしいといわれる．
　　次に，「すみません，つい口が**つるっとすべって**」《ここでの"つるっ"は"つるっぱげ"を表す》
　　「すみません，**ぬけぬけと**」《"ぬけ"毛が抜けることを表す》
　　「**もうこんなんない**」《もうこんなのない"毛根ない"》
　　「どうやって**はげまそ**」
　　「お詫びにアイス，**ハーゲンダッツ**でも」《ハゲ，脱毛》

はげている島田一の介をからかうために，はげに類似した音声が連続するおもしろさである．

### ●末成由美

(4)　「元**ミス・ユニバース**の由美です」と言うも，
　　「え？元ミス・**ユニット・バス**？」と言われ，
　　「いえ，元ミス・ユニバース」と強調するも，
　　「ミス？あぁ，**失敗のミス**？」と言われ，

「いえいえ，**美容を競うコンテスト**です」と説明するも，
「え？**病気を競うコンテスト**？」と言われてしまう．

末成由美さんは美人でないということで，ミスとかコンテストなどの類似した表現のずれで，ブスでうっている．

● 島木譲二

　語の最初の2字を繰り返し，そこからその2文字を使った語を言うギャグの連発である．

(5) 　**困った困ったこまどり姉妹**《<こまの繰り返し》
　　　**まいったまいったマイケルジャクソン**《<まいの繰り返し》
　　　**しまったしまった島倉千代子**《<しまの繰り返し》
　　　**ひさしぶりぶりブロッコリー**《<ぶりの繰り返し》
　　　（わしの人生）愛知県，名古屋，尾張《<終わりと尾張を掛けている》
　　　もう悪いことは青森県の下，秋田《<飽きたと秋田を掛けている》

島木譲二は最初の2文字繰り返しを利用した音の類似により笑いをとっている．

---

コラム 17

　AERAの一行広告の音の類似性の例：

(i) 　コロシアの仕業？ おそロシア　　　　　　　　　　（2006.12.11）
　　［コロシアとおそロシアとの音の類似性とロシアの政治家がロンドンですしに毒を盛られて，殺されたという内容で，ロシアのマフィアの恐ろしさを表している］
(ii) 　携帯会社を，けえたい　　　　　　　　　　　　　　（2006.11.6）
　　［携帯とけえたいの音の類似性である］
(iii) 　ハラハラする　ウエストサイズ物語　　　　　　　（2006.8.7）
　　［ハラとウエストとの意味的リンクでのおもしろさである．メタボの話題である］

## 4.2. 川柳の分析

日本語の川柳も吉本のお笑いも英語ジョークと同様に音の類似性を利用しているので，次に川柳の分析を見てみよう．

(6)　古池や蛙とびこむ**水野（弟）**

(吉田徹と日本のダジャレ研究会（2005: 13））

日本語では英語と異なり文字の類似性も川柳などで笑いをさそう．

(7)　続柄あわてて「妻」を「毒」と書き　　　（山藤章二ほか（選）(2001: 21)）
(8)　食べすぎに待っているのは体重刑　　　（毎日新聞（2005 年 6 月 19 日））

## 類似性 (resemblance) にもとづく笑いの分析
### 4.2.1. 音声的類似性
#### 4.2.1.1. 単に音だけが似ている場合

(9)　「**ありえねぇ！**」娘の口調が**ありえない**

(山藤章二，尾藤三柳，第一生命（選）(2010: 46)）

［「ありえねぇ！」と「ありえない」の類似性］

(10)　ジーンズも妻は**定額**オレ**低額**　　　　　　　　　(ibid.: 57)

［定額と低額の音の類似性による］

(11)　「**空気よめ！**」それより部下の**気持ち読め！**　　(ibid.: 220)

［空気よめと気持ち読めの音の類似性］

(12)　**草食系**？ いいえ我が家は**粗食系**　　　　　　(ibid.: 141)

［草食系と粗食系の音の類似性］

(13)　肉隠す妻は巧みな**装飾系**　　　　　　　　　　(ibid.: 108)

［装飾系と草食系との音の類似性］

(14)　**おくりびと**ウチの奥さん**おこりびと**　　　　　(ibid.: 131)

［おくりびととおこりびとの音の類似性］

(15)　親**介護**するより先に**解雇**され　　　（山藤章二ほか（選）(2001: 44)）

［介護と解雇の音の類似性］

(16)　うちのひといつでもるすでよそのひと　　　　　(ibid.: 45)

［うちのひととよそのひとの音の類似性］

### 4.2.1.2. 同音異義語の場合

(17) フリーターせめて料理は**定食**（**定職**）で (ibid.: 57)
　　　［定食と定職の音の類似性］

文字あるいはスペルの類似性に基づくジョーク：

(18) 「**肉太**」の妻が「**骨太**」批判する
　　　　　　　　　　　　　（山藤章二，尾藤三柳，第一生命（選）(2010: 216)）
　　　［肉太と骨太の音の類似性］
(19) 続柄あわてて「**妻**」を「**毒**」と書き
　　　［「妻」と「毒」の文字の類似性］
(20) 食べすぎに待っているのは**体重刑**

### 4.2.2. 統語的な分析の違いに基づく類似性

(21) 「課長**いる？**」返ったこたえは「**いりません！**」 (ibid.: 204)
　　　［課長いる（存在する）といりません（必要ない）の音の類似性］

### 4.2.3. 文レベルの分析の違いに基づくもの

(22) 「**パパがいい！**」それがいつか「**パパはいい**」 (ibid.: 225)
　　　［パパがいい（一番好き）とパパはいい（必要ない）との音の類性］
(23) 「**買っていい？**」聞くときすでに**買ってある**？ (ibid.: 213)
　　　［買っていい？と買ってあるとの音の類似性］

---

### コラム 18

俳句とパロディの例（http://www.yo.rim.or.jp/~osa/haiku/models/01-10.htm）：

(i) 元句: 柿食えば鐘がなるなり法隆寺
　　パロディ句: 柿食へばいらぬお世話の鐘がなる　　（句雀）

パロディは先句をベースにどう展開させるかだけど，俳句として成立させるには二つのポイントをクリアしないといけない．一つは読み手の個性が隠し味として出ていること．二つ目は季感があるかどうか．この2点をクリアしないと単なる戯言になってしまう．

(ii)　元句：　古い池や蛙とびこむ水の音　　（芭蕉）
　　　パロディ句：　古池や蛙とびこむ水野（弟）　　（= (6)）

（吉田徹と日本のダジャレ研究会（2005:13））

### 4.2.4. 語レベルの分析の違いに基づく類似性

(24)　**デジカメ**と聞いて種類はうみ？　みどり？

（山藤章二ほか（選）（2001:72））

　　　［デジ＋亀と，みどり＋亀と分析している］

意味は異なるが形式の類似性に基づく．

### 4.2.5. 文字どおりとイディオムの解釈のずれに基づくもの

(25)　**服支給**これがほんとの**着服**ね　　（毎日新聞（2005年6月9日））
　　　［着服を，文字どおりに，① 衣服を着ること，② 他人の物をこっそりと自分の物にしてしまうことの理解のずれ］

### 4.2.6. 語の多義性に基づくもの

(26)　刃物など持って無くても直ぐ**切れる**

（山藤章二，尾藤三柳，第一生命（選）（2010:83））

　　　［切れるは刃物とのリンクでは何か物を切ることができる意と，精神的にすぐ切れてかっとなるの意で多義的である］

### 4.2.7. ことわざなど決まりきった言い方との類似性

(27) **考えぬ葦に注ぎ込む教育費**　　　　　（山藤章二ほか（選）(2001: 10)）
　　　［「人間は考える葦である」というパスカルのことばとリンクすることで，考えぬ葦の理解が必要］

(28) **赤い糸**やがて夫婦は**コードレス**　　　　　　　　　　　　　(ibid.: 17)
　　　［定型表現の赤い糸とコードレスとのつながりの理解］

### 4.2.8. 類似した意味領域の場合

(29) **妻美白娘顔黒に父真っ青**　　　　　　　　　　　　　　(ibid.: 69)
　　　［人の顔色で美白，ガングロー，真っ青のリンクがおもしろい］

## 4.3. 語彙語用論 (lexical pragmatics) の Ad hoc 概念形成 (Ad hoc concept construction) に基づく笑いの分析

(30) **千円で北から南じゅずつなぎ**
　　　　　　　　　　　　（山藤章二，尾藤三柳，第一生命（選）(2010: 121)）
　　　［千円で高速が日本中車で走れるという知識に基づき，千円は高速料金が1000円で，北，南は日本の北から南までの意］

(31) **電話よりその口マナーに切替えて**　　　　　　　　　　　(ibid.: 81)
　　　［電話のマナーモードとおしゃべりな人もマナーモードに切り替え静かにしてという意］

(32) **大正**を**昭和**が介護の老夫婦　　　　　　　　　　　　　(ibid.: 69)
　　　［大正生まれの人を昭和生まれの人が介護するの意］

(33) **ネクタイがサーフボードを見る横目**　　　（山藤章二ほか（選）(2001: 78)）
　　　［ネクタイはサラリーマンでサーフボードは遊びに行く人を指していると理解し，横目はうらやましいという心的意味を表す］

(34) **親指が大きい顔する新時代**　　　　　　　　　　　　　(ibid.: 102)
　　　［親指は携帯電話で使用するし，大きい顔はそれが役立つの意］

(35) **各停の出世ただ今通過待ち**　　　　　　　　　　　　　(ibid.: 105)
　　　［人生を電車に見立て，各駅停車で通過待ちで，出世が止まっている状態となっている］

第 4 章　日本語による笑いの分析　　　　　　　　　　67

(36)　鼻ピアス我が家の牛は反抗期　　　　　　　　　　(ibid.: 54)

　　　［牛と自分の子供の類似性を見て，我が家の牛は息子を表し，鼻にピアスして反抗期の息子という理解が求められる］

(37)　**もやしっ子草食系**に成長し

　　　　　　　　　　　　　　(山藤章二，尾藤三柳，第一生命選 (2010: 14))

　　　［もやしと草食系とのリンクがおもしろい］

**概念のずれ (loosening, category extension)：メタファー**

(38)　ボーナス日おれの口座は通過駅（続老婆の休日）　　(ibid.: 7)

　　　［ボーナスが入ってきても，すぐに，自分の口座から出ていく様子を述べている］

(39)　様々な大根並ぶ足湯かな　　　　　　　　　　　　(ibid.: 16)

　　　［大根は女性の足で，足湯に入っている様子がうかがえる］

(40)　社保庁をダニと言うなら政治家は？

　　　［政治家はダニよりもっと悪いという含みを伝える］

(41)　職員も脱線してた事故当日　　　　　　(毎日新聞 (2005 年 6 月 8 日))

　　　［脱線は鉄道の事故で起こるが，職員もパーティーなどで脱線していたという意味］

(42)　9 条の輸出が日本の生きる道

　　　［平和憲法が 9 条の意味で，世界にこの平和憲法を広げるのが日本のやることの意］

(43)　今まさにワールドカップ大相撲

　　　［大相撲が世界中の力士で構成されていて，サッカーのワールドカップ状態という意］

(44)　トヨタさんもうかってるなら安くして　(毎日新聞 (2005 年 6 月 18 日))

　　　［トヨタ自動車がどんどん売れているなら，値段を安くしてという意］

(45)　**山**残り**川**が消えてく大相撲　　　　　　(毎日新聞 (2005 年 6 月 15 日))

　　　［相撲取りが名前に...山が残っていて，...川という名前が消えてなくなるの意］

## 4.4. 推意 (implicature) に基づく笑いの分析

(46) 「オーイお茶」次の言葉は「**入ったぞ**」

(山藤章二，尾藤三柳，第一生命選 (2010: 201))

［男性が女性にお茶をいれていることから，女性のほうが家の中で強い存在であることを暗に示している］

(47) 「**先を読め！**」言った先輩リストラに　　　　　　　　　(ibid.: 9)

［先を読むと先を読めずにリストラされるの矛盾がおもしろい］

(48) **ワンコイン**渡した妻は**バイキング**　　　　　　　　　　(ibid.: 51)

［夫は500円で昼食をしてるが，妻はバイキングで食べ放題で豊かに暮らしているの意］

(49) 結婚後直ぐに我が家は**政権交代**　　　　　　　　　　　(ibid.: 89)

［結婚前は女性がおとなしいが結婚後は女性が家の中心となるという意］

**並行処理**

(50) **薄型**はテレビ携帯わが財布　　　　　　　　　　　　　(ibid.: 53)

［薄型テレビ，薄型携帯と並行的に自分の財布も薄型でお金がないという意］

(51) 我が**人生ピーク**は生まれたときだった

(山藤章二ほか（選）(2001: 12))

［人生は生まれてからずっといいことがないという含みがある］

(52) **バイキング**妻のおかわり取りに行く

［妻はバイキング料理を食べ続け，夫がお代わりをとりにいってやっているの意で，妻が夫より力をもっている］

(53) 人間は置き薬でも**犬は医者**

［人間より犬のほうが大事で，置き薬は安いが，獣医に見てもらうのは高くつくの意］

ここで，語彙語用論 (Lexical Pragmatics) に基づく Wilson (2004) の説明を引用してみよう．

　　Lexical pragmatics is a rapidly developing branch of linguistics that investigates the processes by which linguistically-specified ('literal')

word meanings are modified in use.　(p. 343)
（語彙語用論とは文字どおりの語の意味が言語使用によりどのように意味変化するかを研究する言語学で急速に発展している研究分野）

The goal of lexical semantics is to investigate the relations between words and the concepts they encode, and the goal of lexical pragmatics is to account for the fact that the concept communicated by use of a word often differs from the concept encoded.　(p. 344)
（語彙語用論の目的は記号化された概念と伝達された概念のずれを説明すること）

以上の語彙語用論から次のものを詳しくみると関連性理論での展開は次のようなものである：

(54)　ネクタイがサーフボードを見る横目
　　　（記号化された概念）　ネクタイ ➡ ネクタイしている人 → サラリーマン ➡（伝達された概念）仕事で忙しい人
　　　（記号化された概念）　サーフボード ➡ サーフボードをもっている人 →（伝達された概念）遊びに行く人
　　　（記号化された概念）　横目 →（伝達された概念）うらやましい
　　　**表意**：ネクタイをして仕事に行く人はサーフボードをもって遊びに行く人を横目でうらやましく見ている
　　　**推意**：① サラリーマンの生活はつらいものである
　　　　　　　② 時間があり，お金もあるひとは，サーフボードもって，遊びにでかける

---

### コラム 19

日本語の川柳を追加しておく．どのように理解するかを考えてみてください．

(i)　所により雨だがどこか教えない
(ii)　整形医好みのような顔になり
(iii)　自分にはとてもやさしいお役人

(iv) 首相にも付けてほしいね ATS
(v) 食パンの食はなくても同じだろ
(vi) 事故の後予想できたという学者
(vii) 仕事より口笛うまい大工さん
(viii) ゼロ金利借りればなぜか高金利

第 5 章

# ポリティカル・ジョークの分析

## 5.1. ポリティカル・ジョークと表意

(1) Why doesn't Bill Clinton like old houses?
He's afraid of the **draft**.　　　　　　　　（丸山（2002: 221））
（ビル・クリントンはどうして古い家が好きでないのか？
ドラフトがこわいから．）

draft は古い家とのつながりでは①「すきま風」の意で，ビル・クリントンとのつながりではベトナム戦争に反対し戦争に行かないということで，②「徴兵」の意となる．関連性理論では He's afraid of the draft. の表意は①②の両方を理解することから，このジョークのおもしろさが理解できる．通例のあいまい性除去はどちらかの意味のみに決定して，表意も一つとなるところだが，ジョークではそのあたりが，二つの表意を考えることにより処理労力がいるが，おもしろさというコンテクスト効果もでてくるのである．

　　表意①：　Bill Clinton is afraid of air currents that chill the body. ［an old house とのリンクから］

　　表意②：　Bill Clinton is afraid of a military service. ［知識から］

(2) Bill Clinton was asked what he thought about **foreign affairs**. "I don't know," he replied, "I never had one."　　　(ibid.: 220)
（ビル・クリントンは国際事情（場違いな情事）についてどう思うか尋ねられた．彼は「分かりません．一度も関係もったことはありません」と答えた．）

クリントン大統領との公的な仕事とのリンクでは foreign affairs は外交など国際事情の意であるが，モニカ・ルインスキーさんとの情事のことをダブらせて理解すると，大統領は国際事情を聞かれているのに，答えは情事のほうになっていて，ずれていると考えられる．

(3) Being president is like running a cemetery. You've got **a lot of people under you**, but none of them are listening. (Bill Clinton)
(丸山 (2007: 202))
(大統領であることは共同墓地を管理するのに似ている．あなたの下にはたくさんの人がいるが，だれもあなたの言うことを聞いていない．(ビル・クリントン))

大統領は国家のトップの座に位置し，部下を支配しているのに，だれも自分の言うことを聞いてくれないという大統領のなげきと，墓を管理している人には，土の下には死んだ人がたくさんいるが，死んでいるので，だれも自分の言うことを聞いてくれないという並行性を用いたジョーク．

(4) I know a politician who is so old, he doesn't **run for office**—he walks. (Fechtner (1979: 191))
(とても年のいった政治家を知っている．立候補するのに走らないで歩いているよ．)

run for office は定型表現としては「立候補する」の意だが，ここでは文字どおりに走るの意となっている．

## 5.2. ポリティカル・ジョークと推意

### 5.2.1. 二つの矛盾する推意に基づくポリティカル・ジョーク

次はフォード大統領による発話である．

(5) I am a **Ford**, not a Lincoln. (Gerald Rudolph Ford, Jr.)
(丸山 (2007: 199))
(私はフォードです，リンカーンではありません．(ジェラルド・ルドルフ・フォード Jr.))

第 5 章　ポリティカル・ジョークの分析

発話：　I am a Ford, not a Lincoln.
想定：　I はフォード大統領のことである．
　　　　Lincoln は奴隷解放したアメリカ大統領の名前である．
　　　　Ford はアメリカで一般大衆の人が持っている車の名前である．
　　　　Lincoln はアメリカで金持ちの人が持っている車の名前である．
(i) If I am a Ford, then I will support ordinary people because a Ford is a car for ordinary people in the States.
(ii) If I am not a Lincoln, then I will not support rich people because a Lincoln is a car for rich people in the States.
　推意①：　I will support ordinary people.
　　　②：　I will not support rich people.

(5) の発話は推意で「私（＝フォード）は，一般大衆の味方で，金持ちを支持するものではありません」と暗に伝えている．

## 5.2.2. ばかげた想定に基づくポリティカル・ジョーク

(6) How was I to know that the **B-1** was an airplane?　I thought it was vitamins for the troops.　(Ronald Reagan)　　　(ibid.: 200)
(B-1 が飛行機だとどうして私が知りえたでしょう？　兵士のビタミン剤と思っていたよ．（ロナルド・レーガン））

　発話：　How was President Reagan to know that the B-1 was an airplane?
　ばかげた想定：　The B-1 was vitamins for the troops.
　表意：　President Reagan thought that the B-1 was vitamins for the troops.

(7) There is a **political saying** that goes like this:
In Atlantic Canada, politics is a tradition, in Quebec it's a family affair, in Ontario it's a business, on the Prairies it's a religion, in the North it's survival, and in B.C. it's entertainment.
(Colombo (2003: 229))
（次のような政治のことわざがあります：大西洋岸カナダでは，政治とは伝統

であり，ケベック州では家庭内問題であり，オンタリオ州ではビジネスであり，プレーリーでは宗教であり，北部では古い時代の遺物であり，ブリティッシュ・コロンビア州では，政治とは娯楽である．）

ばかげた想定： If politics is an entertainment, then it is fun.

### 5.2.3. ばかげた推意に基づくポリティカル・ジョーク

(8) What's the difference between the government and the **Mafia**?
One of them is organized. (Pickering (2006: 206))
（政府とマフィアとの違いはなにか？
一方は組織化されている（がもう一方は組織化されていない）．）

発話： One of them is organized.
想定： Mafia is well-organized.
ばかげた推意： (Mafia is organized, but) the government is not organized.（政府は組織化されていない）

(9) How can you tell when a politician is **lying**?
His lips are moving. (Pease (2004: 299))
（政治家がうそをついているのはどのようにして分かるか？
唇がうごいているから分かる．）

政治家が話をすると，すべてうそということを暗に伝えている．

発話： A politician's lips are moving.
想定： If his lips are moving, then a politician is saying something.
ばかげた推意： A politician is lying when he is saying something.

(10) Politician: America is **the land of promise**!
Heckler: Only during election years!
(Kostick, Foxgrover and Pellowski (1990: 440))
（政治家： アメリカは約束を守る国だ．
やじり倒す人： 選挙期間中だけだ．）

ばかげた想定： America is the land of promise only during election

years.

推意： 選挙期間以外はアメリカはなにも約束を守らない国である．

(11) A **politician** thinks of the next election; a **statesman**, of the next generation. (丸山 (2002: 216))
（ポリティシャン（政治屋）は次の選挙のことを考えてるが，ステイツマン（本物の政治家）は次の世代のことを考えている．）

想定： もしもある人が次の選挙のことしか考えないとは，自分のことしか考えないことになる．もしもある人が次世代のことを考えるとは，国家の先のことを考えることである．

推意： politician とは自分のことしか考えていない政治家のことである．statesman とは，国家の先のことを考えている本当の政治家のことである．

(12) **Politicians** are same all over.  They promise to build a bridge even where there is no river. (ibid.: 217)
（政治家はどこにいっても同じだ．川がないのに橋をかける約束をする．）

想定： もしも，ある人が川がないのに橋をかけると約束をするなら，それは必要のない無駄なことである．

推意： politician とは，必要のない，無駄なことをする政治家のことである．

(13) What's the definition of a **statesman**?
 A politician who never got caught. (ibid.: 219)
（ステイツマンの定義はなんですか？
 一度も逮捕されなかった政治家のことである．）

想定： statesman とは一度も逮捕されない政治家である．

推意： politician とは（悪いことをして）逮捕されたことのある政治家である．

(14) There is a nickel's worth of difference between **Democrats** and **Republicans**.  If you put a nickel on the table, a Democrat will

steal it from you and a Republican will kill you for it.

(Judy Brown (2003: 167))

（民主党と共和党にはほんのわずか（5セント白銅貨による）違いがある．もしも，テーブルの上に5セント置いたら，民主党員はそれをこっそり盗むが，共和党員なら，それをくれないと殺すぞと言う．）

想定： ① If a Democrat will steal a nickel from you, then he is punished for his minor offense.
② If a Republican will kill you for a nickel, then he is a murder.
推意： a Republican is more aggressive than a Democrat.
（共和党員のほうが民主党員よりも過激である．）

## 5.3. ポリティカル・ジョークと類似性

### 5.3.1. 音声的類似性

(15)　Senator: What's the worst thing a bachelor politician can do?
Judge: Take a **June bribe**.

(Kostick, Foxgrover and Pellowski (1990: 439))

（上院議員： 独身の政治家がする最悪のことはなに？
判事： ジューン・ブライド（6月にわいろをもらうこと）．）

June bride（6月の花嫁）と June bribe との音の類似性を用いている．
　表意①： A bachelor politician can take a June bribe.
　表意②： A bachelor politician can take a June bride.

(16)　Which U.S. president was always in a rush?
**Hurry Truman**.                                   (ibid.: 439)
（どのアメリカ大統領がいつも急いでいたか？
ハリー・トルーマン大統領です．）

rush, hurry は「急ぎ」の意を表し，hurry と人名 Hurry は音が同じである．

(17)　A political candidate stood on a platform and announced to the assembled crowd that he was going to fight radicalism, socialism, communism, and anarchism. One old man snorted and said, "I'll vote for you when you can do something about **rheumatism**."

(Colombo (2003: 230))

(ある政治の候補者は壇上に立って、集まった群衆に向かって、過激派 (radicalism), 社会主義 (socialism), 共産主義 (communism), 無政府主義 (anarchism) と戦うつもりであることを公表した．ある老人は不満を表し、「リューマチ (rheumatism) について何かできるなら、あなたに、投票するよ」と言いました．)

rheumatism は政治用語の ism ではないが形が radicalism, socialism, communisim, anarchism に似ているのでおもしろくなっている．

### 5.3.2. 統語的・語彙的類似性に基づくポリティカル・ジョーク

(18) What is the difference between a **politician** and a **statesman**?
A politician is a man who has <u>a tongue that has mastered the art of public speaking</u>.
A statesman is <u>a former politician who has mastered the art of holding his tongue that has mastered the art of public speaking</u>.

(ibid.: 231)

(ポリティシャン（一般的な政治家）とステイツマン（国を代表するような高い見識をもった政治家）との違いはなにか？
ポリティシャンとは演説の技術をマスターした舌をもつ人．
ステイツマンとは演説の技術をマスターした舌をだまらせておくわざをさらにマスターしたもともとはポリティシャンであった人のことである．)

下線部の統語構造の並行性がおもしろい．

(19) Little girl: Daddy, do all fairy tales begin with, "**Once upon a time ...?**"
Father: No, there is a whole series of fairy tales that begins with "**If elected, I promise ...**"

(Kostick, Foxgrover and Pellowski (1990: 443))

(小さい女の子：おとうさん，おとぎ話はみんな「むかしむかし」で始まる

の？
父親：違うよ，「もしも選挙に当選しましたら，... を約束します」で始まる一連のおとぎ話もあるよ．）

"Once upon a time ..." と "If I elected, I promise" を同じおとぎ話の出だしとしているところにおもしろさがある．

### 5.3.3. 命題内容の類似性に基づくポリティカル・ジョーク

(20)　Politicians have three hats: one they wear, one they toss in the ring, and one they **talk through**!　　　　　(Colombo (2003: 230))
（政治家は三つのハットを持っている：かぶるハット，リングで放り投げるハット，それにハットを通して話す（＝大ほらを吹く）ことである．）

talk through your hat とは talk about a subject as if you know a lot about it when in fact you know very little（定型表現で大ほらを吹くの意）．

## 5.4. ブッシュ大統領とジョーク

### 5.4.1. 音声的類似性
音の類似性に基づく言い間違い：

(i)　spoonerisms（スプーンネリズム）：

(21)　If the **terriers and barriffs** are torn down, this economy will grow.
　　　　　(Rochester, New York, January 7, 2000) (Weisberg (2001: 62))

barriers and tariffs（障壁と関税）との音の入れ替え．「関税と障壁が撤廃されると，この経済は成長するでしょう」と言いたかった．

(ii)　Archie Bunkeresque malapropisms（誤用）：

(22)　I'm a person who recognizes the **fallacy** of humans.
　　　　　(http://www.allgreatquotes.com/stupid_quotes28.shtml)
（私は人の誤った考えが分かる人です．）

第 5 章 ポリティカル・ジョークの分析　　　79

I am a person who recognized the fallibility of humans.（私は人が誤りやすいことが分かる人です）と言いたかった．

(iii) Neologism（新語）:

(23) This case has had full **analyzation** and has been looked at a lot. I understand the **emotionality** of death penalty cases.
(Weisberg (2001: 57))　(Seattle Post-Intelligencer, June 23, 2000)

This case has had full analysis and has been looked at a lot. I understand the emotion of death penalty cases.（この事件は十分に分析され十分考慮されてきたが，死刑裁判に対する感情的なことも理解しています）と言いたかった．

### 5.4.2. 統語的類似性

(iv) redundancies（冗語）:

(24) *finality* has *finally happened* in this presidential race
(http://www.saidwhat.co.uk/keywordquotes/against)
（この大統領選挙戦で最終的状況がついに起こった）

finality と finally が形式的にも意味的にも類似している．

(v) grammatical mistakes（文法的間違い）:

(25) Rarely is the question asked: **Is our children learning?**
(Weisberg (2001: 35))
（次の質問はめったに聞かれないが．私たちの子供たちは勉強していますか．）

Is our children learning? は正しくは Are our children learning? (George Bush (Florence, South Carolina, January 11, 2000))．

(26) You teach a child to read, and **he or her** will be able to pass a literacy test. (George Bush)　　　　　　　　　　　　　　　　(ibid.: 10)
（あなたは子供に読むことを教えると，彼らは読み書き能力テストに合格するでしょう．）

he or her は正しくは he or she.

(vi) positive-negative confusions（肯定否定の混乱）:

(27) **If I'm the president** ... we're going to have gag orders.
(http://www.medscape.com/viewarticle/505887_2)
（もしも私が大統領なら，（法廷で審議中の事柄の）報道禁止令を出すんだが．）

正しくは If I'm not the president ...（私が大統領でないなら）の意.

### 5.4.3. 命題内容の類似性

(vii) truisms（自明の表現）:

(28) I think we agree, **the past is over**. (Weisberg (2001: 70))
（われわれは同意すると思うが，過去とは過ぎ去ったことだ．）

the past と be over とは過ぎ去ったことの意で同じことを繰り返していることで自明のことになる．

(viii) familiar expressions, often dealing with eating, blackjacked and rendered senseless（ふだん使いなれた表現）:

(29) We ought to **make the (economic) pie higher**. (ibid.: 66)
（われわれは（経済における）パイをより高く（大きく）すべきだ．）

make the pie bigger（経済における）パイを大きくするというところを，make the pie higher パイをより高くするという間違いで，経済の世界での税金などの配分で，パイにたとえ，通例はその大きさを問題にし，その高さを問題にしないが，ブッシュ大統領は平面でのパイの面積でなく，パイの垂直方向の高さにずれた表現となっている．

### 5.4.4. ばかげた想定

(ix) sheer goofball exuberance:

(30) I know **the human being and fish** can coexist peacefully.
(http://www.youtube.com/watch?v=20Jcrk6jGfo)
（私には人間と魚が平和に共存できることは分かっている．）

人間とさかなの共存はばかげた想定であり，通常は人間と野生動物の共存などのリンクである．

(31) One of the great things about books is sometimes there are some **fantastic pictures**. (Weisberg (2001: 34))
（本に関してすばらしいことは，素敵な写真がのっていることだ．）

本は文字を読むのが普通だが，ブッシュ大統領にとっては写真があることが本のすばらしいところというずれがある．

(32) President Bush is in Japan today, and the prime minister took Bush on a tour of a temple. There was an awkward moment on the tour when Bush said to the prime minister, "**You don't look Jewish.**"
(Conan O'Brien) (Getlen (2006: 141))
（ブッシュ大統領は今日，来日し，首相がブッシュ大統領をお寺めぐりに連れて行った．ブッシュ大統領が首相に向かって「あなたはユダヤ人（ジューイッシュ）には見えませんね」といったときにはツアーの最中に一瞬しらけた．）

ばかげた想定で日本人はJewishと理解して，ブッシュ大統領は本来なら，You don't look Japaneseというところを "You don't look Jewish." と発言している．

(33) **Politics** is the art of looking for trouble, finding it everywhere, diagnosing it incorrectly, and applying the wrong remedies.
(Groucho Marx) (ibid.: 143)
（政治とは困難さをさがすわざで，あらゆるところに見つけ出し，まちがって診断をして，まちがった救済策を行うことである．）

(34) **Washington** could not tell a lie; **Nixon** could not tell the truth; **Reagan** cannot tell the difference. (Mort Sahl) (ibid.: 146)
（ワシントン大統領はうそが言えなかった，ニクソン大統領は真実が言えなかった．レーガン大統領はその違いが言えない．）

### 5.4.5. ばかげた推意

(35) **President Bush** is on his Asia tour. He'll visit Japan, China, South Korea, Mongolia. Once again, he's skipping Vietnam. (David Letterman) (ibid.: 151)
（ブッシュ大統領はアジアを訪問し，日本，中国，韓国，モンゴルを訪れます．今回もまた，彼はベトナムには立ち寄りません．）

ばかげた推意：ブッシュ大統領はベトナム戦争のため，ベトナムを怖がっている．

第 6 章

# エスニック・ジョークの分析

安部剛 (2010) によるエスニック・ジョークの定義をまず見てみよう．

(i) エスニックジョークとは，ある特定の民族集団の行動・思考の特徴を利用して"愚かさ・賢さ・狡猾...大酒のみ・自虐的"等をスクリプトと結びつけてジョークのなかに取り込んでいる．ユダヤ人は，"狡猾"とか，スコットランド人は，"けち"等がよく知られている．日本の伝統話芸，落語でも東京落語の与太郎は，愚か者とされているのと同じである．(p. 87)

(ii) エスニックジョークのなかで題材となるスクリプトやテーマは，ジョークを語る側と語られる側との間にある，さまざまな歴史，政治，言語，宗教，社会——文化的な関係に起因している．エスニックジョークは，社会のなかで起きていることを測り，記録し，かつ世に知らしめる**社会の温度計** (social thermometers) である．(p. 88)

(iii) 愚か者ジョークの場合，笑う側と笑われる側の間は，つねに「中央　対　周辺」(center vs. periphery) という構図が存在する．地理的，経済的，文化的，言語的，あるいは宗教的に中央に住む人々（社会的主流集団，または民族的主流集団）が，それらの辺境に住む隣人たち（社会的少数集団，または民族的少数集団）を笑う，という枠組みである．(p. 90)

次に Davies (1990: 4) *Ethnic Humor Around the World: A Comparative*

*Analysis* によるエスニック・ジョークの特徴づけを見てみよう.

(iv) The basic questions that are addressed in this study relate primarily to the content of the most numerous and widespread ethnic jokes. In general the central theme of these jokes is the pinning of some undesirable quality on a particular ethnic group in a comic way or to a ludicrous extent.
(この研究で投げかける基本的問題はおもに,もっとも多く,広く受け入れられているエスニック・ジョークの内容に関わるものである.一般に,これらのジョークの中心となるテーマはある特定のエスニックグループに関するある好ましくない特質をコミカルなやり方で,滑稽になるような程度にまで特定化することである.)

(v) Modern ethnic jokes about stupidity told in the United States and Canada differ in one important respect from those told in Britain and France in that they routinely mock the butts of their jokes as being dirty as well as stupid　(p. 84)
(アメリカとカナダにおけるばかについての現代のエスニック・ジョークは一つの重要な点でイギリスやフランスで言われているものと異なる:なぜなら,ジョークの標的になる人をばか (stupid) だけではなく,汚いもの (dirty) として日常的にあざ笑うからである.)

(vi) By contrast there are very few British jokes about the Irish or French jokes about the Belgians being dirty and no real equivalent of the following American jokes about Poles.
(それと対照的に,アイルランド人に関するイギリス人ジョークにも,ベルギー人に関するフランス人ジョークにも汚いものとして笑うものはほとんどないし,ポーランド人に関するアメリカ人ジョークにもほんとうに対応するものはなにもない.)

## 6.1. エスニック・ジョークとステレオタイプに基づく想定

### 6.1.1. ステレオタイプと想定について

　●偏見とステレオタイプ (Prejudice and stereotypes) について

アイルランド人に対するイギリス人の偏見（Britain—Irish）
ポーランド人に対するアメリカ人の偏見（America—Polish）
ベルギー人に対するフランス人の偏見（France—Belgians）
　　　(The British Assocation for the Advancement of Science (2002: 75))

●エスニック・ジョークに見られる日本人観　（早坂 (2006: 64))
アメリカ人：　独善的，傲慢，自慢好き
イギリス人：　紳士，堅苦しい
ドイツ人：　真面目
フランス人：　好色，グルメ
イタリア人：　情熱的
ロシア人：　酒好き，物がない
ユダヤ人：　狡猾，金儲けが巧み，議論好き
（以下のポーランド人，スコットランド人，ギリシャ人については日本人には分かりにくいと述べている）
ポーランド人：　愚か者
スコットランド人：　けち，抜け目がない
ギリシャ人：　絶倫，男色

●ベルトン (2004: 57)
イングランド人（Englishman）：　退屈，蓄財に熱心，セックスが下手，官僚的
スコットランド人（Scotsman）：　ケチ，飲んだくれ，頑強，愛国的
アイルランド人（Irishman）：　頭が鈍め，飲んだくれ，呑気，信心深いカトリック
ウェールズ人（Welshman）：　トロい，羊好き，ラグビー狂，合唱好き

---

コラム20

ハワイにおけるエスニック・ジョークとステレオタイプについて（大島 (2006:

167))

(i) エスニック・ジョークはハワイの文化の一つとして長い歴史を持ち，常にローカルの人々に支えられてきた．エスニック・ジョークは他のジョークと異なり，各民族の生活習慣や歴史的背景，その他の特徴を熟知していなければ理解できず，笑うこともできない．その意味では，エスニック・ジョークはかなり高度の知識を必要とするユーモアであるといえる．したがって，ハワイのローカルがエスニック・ジョークを完全に受け入れているという事実は，ローカルの多様な民族や文化に関する知識の豊かさを示している．

(ii) **フランク・デリーマ** (Frank De Lima) や **メル・キャバング** (Mel Cabang) といった代表的なエスニック・ジョークのコメディアンがハワイでは人気を得ており，さらに，**ダ・ブラダズ** (Da Braddhas) (The Brothers をハワイのピジン英語風に発音したコンビ名) のような若手のエスニックジョーク専門のコメディアンも出てきている．

---

### 6.1.2. ステレオタイプに基づく想定の問題点

ヨーロッパの各国の国民のステレオタイプを用いたジョークについて以下で実例を用いて考察してみよう．

(1) The difference between **heaven and hell**. In heaven: The cooks are French, the policemen are English, the mechanics are German, the lovers are Italian and the bankers are Swiss. In hell: the cooks are English, the policemen are German, the mechanics are French, the lovers are Swiss and the bankers are Italian. (Jarsz (2007: 113))
(天国と地獄のちがいは，天国では，料理人はフランス人，警官はイギリス人，技師はドイツ人，愛人はイタリア人，銀行員はスイス人，地獄では，料理人はイギリス人，警官はドイツ人，技師はフランス人，愛人はスイス人，銀行員はイタリア人．)

**European stereotypes and jokes:**

(2) In **heaven**, the police are British, the cooks are French, the engi-

neers are German, the administrators are Swiss and the lovers Italian. In **hell**, the police are German, the cooks are British, the engineers are Italian, the administrators are French and the lovers Swiss.

(http://fistfulofeuros.net/afoe/the-european-union/european-stereotypes-and-jokes/)

(天国では，警官はイギリス人，料理人はフランス人，技師はドイツ人，行政を司るのはスイス人，そして愛人はイタリア人．地獄では，警官はドイツ人，料理人はイギリス人，技師はイタリア人，行政を司るのはフランス人，そして愛人はスイス人．)

**ステレオタイプ（想定）に関する問題点1：**

　例文 (2) は昔からある，天国と地獄のジョークだが，いまでも，笑えるものであるとして紹介されている (this is an old joke, but it's still worth a laugh or two)．日本人からすると，なぜ，フランス人が行政をつかさどるのに不向きなのか恋人がスイス人であるのが最悪かは，理解に苦しむところである．それは日本人の読み手にとって，フランス人とかスイス人のステレオタイプに関する知識には，あこがれとか良いイメージが多く，マイナスイメージは計算のときに脳内から呼び出せないからである．

(3)　In heaven the party is organised by the Greeks. In hell, the government (or business or anything non-entertaining) is organised by the Greeks.

（天国では，パーティーはギリシャ人が世話役であり，地獄では，政治（あるいは，仕事とか遊びでないことは何でも）はギリシャ人が組織化する．)

**ステレオタイプ（想定）に関する問題点2：**

　(3) ではギリシャでは天国と地獄の中身が変化したジョークとなっている．このようにジョークの変種がたくさんある．ジョークの例文はかなり自由に，ジョーク集になんの断りもなく，借用され，著作権などあまり問題ないようである．このギリシャ人のジョークでは，天国ではギリシャ人が宴会を，地獄ではギリシャ人が政府を組織化しているとある．EUで現在，ギリシャが経済的に混迷しているのも政府のせいであるということがこのジョー

クからうかがわれるが，これも日本人にはなかなか理解するのはむずかしいと思われる．ギリシャ人のステレオタイプの知識をジョーク理解に自分の脳内にある百科辞書的情報から呼び出すのはかなりむずかしい．

---

コラム 21

　日本語の例：エスニック・ジョークのステレオタイプを見ることのできるものを早坂（2006：123）からすこしあげてみよう．

(i) スープに蠅が入っていたら？
　　ドイツ人： このスープは熱いので十分に殺菌されている
　　フランス人： スプーンで蠅を押し潰して，だしをとってからスープをのむ
　　中国人： 問題なく蠅を食べる
　　イギリス人： スプーンをおき，皮肉を言って店を出ていく
　　ロシア人： 酔っ払っていて蠅がはいっていることに気がつかない
　　アメリカ人： ボーイを呼び，コックを呼び，支配人を呼び，あげくに裁判沙汰となる
　　アイルランド人： 吐き出せ，吐き出せよ，ちくしょう！
　　日本人： 回りを見まわし，自分だけに蠅が入っているのを確認してから，そっとボーイをよびつける
　　韓国人： 蠅が入っているのは日本人のせいだと叫び，日の丸を燃やす

(ii) 完璧な人間
　　イギリス人のように料理し，フランス人のように運転し，イタリア人のように冷静で，日本人のようにユーモアがあり，スペイン人のように謙虚でポルトガル人のように勤勉で，ベルギー人のように役に立ち，オランダ人のように気前がよく，韓国人のように，忍耐強く，インド人のように上品で，ロシア人のように酒を飲まず，トルコ人のように計画性があり，イラク人のように温厚で，ルクセンブルク人のように存在感がある人のことである

(iii) 幸福論

人生における最高の生活とは？
アメリカで給料をもらい，イギリスの住宅に住み，中国人のコックを雇い，日本人を妻にすることさ．では，最低の生活とは？
中国で給料をもらい，日本の住宅に住み，イギリス人のコックを雇い，アメリカ人を妻とすることさ．

(iv) まずい料理
世界の三大失敗料理とは？
三位： 香辛料を入れ忘れたインドのカレー
二位： ワサビを入れ忘れた日本のすし
一位： イギリス料理

(早坂 (2006: 158))

## 6.2. エスニック・ジョークの実例の分析

### 6.2.1. アイルランド人

イギリス人は中央に住んで，洗練されている．そこから見ると，アイルランド人は辺境に住み，粗野で無教養で，酒飲みでと常にジョークで笑いものにされている．

アイリッシュ・ジョークのステレオタイプ的イメージはこのような中央と周辺という対立も関係があるでしょうが，具体例を中心にこのステレオタイプの検討をしてみよう．

中央に住む，洗練されたイギリス人
辺境に住む，粗野で無教養なアイルランド人　　　　　(安部 (2010))

実例： (i) アイルランド人の列車運転士が地下鉄運転でクビになった．なんでまた？ 追い越しをしてしまったんだ．

通常の想定①： 地下鉄では追い越しはできない．
通常の想定②： 車の運転では追い越しができる．
**アイルランド人のばかな想定： 地下鉄でも（車の運転と同じように）追い**

越しができる．上記の実例ではこのアイルランド人のばかな想定が笑いの原因となっている．

Irish（アイルランド人：徹底して自分を笑い者にする：ばかな行い）

ばかな発明の例：

(4) What's the latest invention on Irish airplanes? **Outside toilets**.
(Sanjit (2003 : 36))
（アイルランド人の飛行機の最新の発明はなにか？ 機外に作ったトイレ．）

(5) But not all Irishmen are dumb—after all, it was an Irishman who invented the helicopter ejection seat, an Irish surgeon who developed the appendix transplant and an Irishman who invented a solar-powered torch. (Mr. "O's" (1983 : 45))
（でもアイルランド人がすべてばかではないよ．だって，ヘリコプターから脱出シートを発明したのもアイルランド人だし，盲腸移植手術を開発したのもアイルランド人外科医だし，太陽光によるたいまつを考えだしたのもアイルランド人です．）

(6) The Irishman was telling an American about **Ireland's plan to land a man on the sun**. "That's crazy," said the American, "the rocket will burn up." "It's okay," said the Irishman, "we're sending it up at night." (丸山 (2002 : 242))
（アイルランド人はアメリカ人にアイルランドの太陽に人を着陸させる計画について話していた．アメリカ人は「それはばかげている」と言った．「ロケットは燃えてしまうよ」とアイルランド人は言いました．「大丈夫だよ．夜にロケットを打ち上げるから」）

(7) The Irishman was telling an American about **Ireland's plan to send a manned rocket to the sun**.
"But you can't do that," said the American, "the rocket will burn up."
"It's okay," said the Irishman, "we're sending it up at night."
(Mr. "O's" (1983 : 74))
（アイルランド人は太陽への有人ロケット打ち上げ計画についてアメリカ人に

第 6 章　エスニック・ジョークの分析　　　　　　　　　　　91

話していた．
「でもそんなことはできないよ．ロケットが燃えてしまいますから」とアメリカ人が答えた．
アイルランド人はそれに答えて「大丈夫だよ．夜にロケットを打ち上げますから」)

**ばかな行為の例：**

(8)　Pity the poor Irish farmer who gave his hens hot water so they'd lay **boiled eggs**.　　　　　　　　　　　(Sanjit (2003: 84))
　　　(かわいそうなアイルランドの農夫はめんどりにお湯を飲ませたので，めんどりはゆで卵を生んだ．)

自分の鶏に，お湯を飲ませたために，ゆで卵を産んだあわれなアイルランド人農夫の話である．

(9)　How many **Irishmen** does it take to hit a nail into a wall? Twenty-two: one to hold the hammer, one to hold the nail.　And 20 to shove the wall forward.　　　　　　(Mr. "O's" (1983: 39))
　　　(壁にくぎを打つのに何人のアイルランド人がいりますか？
　　　22 人です．一人は金槌をにぎって，一人はくぎをにぎって，あとの 20 人は壁を前のほうに後ろから押す．)

(10)　Mick got a job as **a porter** in a big hotel in New York.
　　　One day he was standing at the front door when an American said to him, 'Hey Mick, be an angel and run up to Room 273 and see if I left my pyjamas and razor on the bed.　I'm rushing to the airport and my plane leaves in ten mitutes.'
　　　Five minutes later, Mick comes running down the stairs and says to the American, 'You're right.　Both of them are on the bed.'
　　　　　　　　　　　　　　　　　　　　　　　(Sanjit (2003: 5))
　　　(ミックはニューヨークにある大きなホテルでポーターの仕事を手に入れた．
　　　ある日，ホテル正面玄関に立っていると，アメリカ人が次のように言った．
　　　「やあ，ミック，お願いだから 273 号室まで駆け上がって，ベッドにパジャ

マとひげそりを忘れていないか見てきてくれないかなあ．空港に急いでいて，あと10分で飛行機は出発なんだ」
　5分後ミックは階段を走って降りてきて，アメリカ人に「あなたのおっしゃるとおり，二つともベッドの上にありますよ」と答える．）

(11) Did you hear about the Irishman who wanted to **tap dance**? He broke his ankle when he fell off the sink.　(Mr. "O's" (1983 : 83))
（タップ（水道の蛇口）ダンスしたがっていたアイルランド人について聞きましたか？
　流し台（sink）から転げ落ちて足首の骨を折ったんだ．）

(12) Almost unbelievably there was an Irish Evel Knievel.　He died trying to **jump over** 23 motorbikes in a bus.　　　　　(ibid.: 65)
（ほとんど信じられないことだが，アイルランド人 Evel Knievel がいました．
　彼は1台のバスの中で23台のオートバイを飛び越えようとして死んだ．）

### ものの使い方がばかげている例：

(13) How can you pick the **Irish pirate**? He's the one with patches over both eyes.　　　　　(ibid.: 86)
（アイルランド人の海賊をどうして見つけ出すのか？
　両方の目に眼帯をしている人です．）

### 計算ができないでばかげている例：

(14) An Irishman was walking down the street with a sack over his shoulder when a friend approached.
"What have you got in the sack, Mick?"
"**Chickens**, Pat, and I'll tell you what—if you can guess how many I've got, I'll give you both of them."
Pat answered: "Three?"　　　　　(ibid.: 57)
（アイルランド人は友だちが近づいてきたときに肩にナップサックをかついで，通りを歩いてきていた．
　「ミック，そのナップサックの中になにが入っているのかなあ？」
　「にわとりだよ．パット．あのね．何匹もっているかあてられたら，その両

方をあげるよ．
パットは「3匹」と答えた．）

both（両方）といっているのに，答えが3匹となるところにばかさがある．

(15) It was Paddy's brother who visited America and while there went into a **pizza** parlour. When his pizza was ready the man behind the counter asked whether he wanted it cut into four pieces or six. "Better make it four," said Paddy's brother. "Oi don't think Oi could eat six." (ibid.: 73)
（アメリカを訪れて，ピザ屋さんに入ったアイルランド人の兄がいた．ピザができたとき，カウンターの後ろにいた男が四つ切りか六つ切りかどちらにカットしますかと尋ねた．アイルランド人の兄は「四つに切るほうがいいです．六つは食べられないと思いますから」と言った．）

ばかげた広告の例：

(16) **A PICTURE OF DUBLIN AT NIGHT** (Sanjit (2003: 9))
（夜のダブリンの写真）

真っ黒な夜の写真は世界中同じで，わざわざ著作権をいう必要はないがこの写真の著作権はダブリン観光協会にあるという（@Irish Tourist Office）．

病気の原因がばかげている例：

(17) An Irishman always got a **pain in his eye** everytime he drank tea.

After many years, a consultant found the solution to his problem. He told him to take the spoon out after stirring the sugar.

(ibid.: 65)

(アイルランド人は紅茶を飲むといつも目が痛くなった．何年もたってから，相談を受けた医者はその問題の答えが分かった．砂糖をかきまぜるスプーンをとりだすように言いました．)

**アイルランド人自身がばかであるという例:**

(18) If **ignorance is really bliss**, why aren't more Irishmen happy?

(ibid.: 73)

(知らぬが仏なら，なぜもっと多くのアイルランド人が幸せにならないのかなあ．)

アイルランド人は無知であるという想定がある．

(19) There's a good reason why Jesus was born in Jerusalem rather than **Dublin**.
In Dublin they couldn't find three wise men or one virgin.

(Mr. "O's" (1983: 21))

(イエス様がダブリンでなくエルサレムでお生まれになったのにはちゃんとした理由があります．
ダブリンには三人の賢者，一人の処女を見つけることができなかったから．)

(20) **A famous linguist** who was visiting Ireland was moved to ask an Irish colleague whether there was any word in the Irish language that had the same meaning as the Spanish mañana.
The Irishman pondered well before replying. "Shure," he said, "we've about two or three that come close. But none of them have the same sense of urgency."

(ibid.: 76)

(アイルランドを訪れていたある有名な言語学者がアイルランド人の同僚にスペイン語のマニャーニャにあたる語がなにかありますかと尋ねたくなった．
アイルランド人は答える前によく考えて「もちろんあります．近い語は2, 3個あります．でも，どれも，緊急性と同じ意味を表さないけど．」)

スペイン語 mañana は「明日」（＝tomorrow）の意であり，緊急性は示さないので，このアイルランド人同僚がいい加減で，ばかであると暗に述べている．

(21) Did you hear about the Irish murderer who was sentenced to the **electric chair**?
He was rather disturbed when they put him sitting in it. 'Are you sure this thing is safe?' he said. (Sanjit (2003 : 67))
（電気いす（による死刑）と判決を受けたアイルランド人殺人犯について聞きましたか？
その男はイスにすわらされたときに，とても取り乱して，「このイスが安全なのは間違いないですか？」と言った.）

**推意によりアイルランド人はばかげたことをしていると計算している例：**

(22) Perhaps she'd heard about the **Irish abortion clinic?**
It has a 12 month waiting list. (Mr. "O's" (1983 : 15))
（彼女はおそらくアイルランド堕胎クリニックについて聞いたことがあるでしょう？
12 か月ウェイティング・リストで待つんです.）

(23) What's the difference between a ham sandwich and an **Irishman**?
A ham sandwish is only half an inch thick.
And what's the difference between 100 ham sandwishes and an Irishman?
Nothing. (ibid. : 53)
（1 枚のハムサンドイッチとアイルランド人の違いはなにか？
ハムサンドイッチは厚さは 0.5 インチしかありません．
それでは 100 個のサンドイッチとアイルランド人との違いは？
何もありません．）

(24) O'Reilly rang up Aer Lingus.
'How long is it to Mexico?' he asked.
'**Just a moment**' said the receptionist.
'Thanks' he replied, hanging up. (Sanjit (2003 : 88))

(オライリーはエア・リンガスに電話をかけた.
「メキシコへはどれくらいの時間かかりますか」と彼は尋ねた.
「ちょっと待ってください（＝ほんの一瞬です）」
「ありがとう」と彼は答えて，電話を切った.)

(25) A woman telephoned an airline office in Dublin and asked, "How long does it take to fly to London?" The clerk said, "**Just a minute**." "Thank you," the woman said as she hung up.

(Mr. "O's" (1983: 49))

(ある女性がダブリンの航空会社に電話してきて，「ロンドンまで飛行機でどれくらいかかりますか？」と聞いた．航空会社の人は「ちょっと待ってください（＝ちょうど1分間だけ）」と言うと，その女性は「ありがとう」と言って，電話を切りました.)

アイルランド人と IRA とか爆破物とかのリンクを用いたジョークの例：

(26) What do most of the people in Irish hospitals have in common? They were all **I.R.A.** explosive experts. (ibid.: 13)
(アイルランドの病院にいるたいていの人はどんな共通点がありますか？
みんな IRA の爆破専門家でした.)

(27) "Dada" said Sean's young son, "will you help me blow up balloons for my party?" "Certainly not," said Sean. "You're much too young to play with **explosives**." (ibid.: 54)
(Sean の幼い息子は「おとうさん，パーティーに使う風船を膨らますのを手伝ってくれない？」といったら，「ぜったいにだめだよ．おまえは爆破物で遊ぶにはまだ小さすぎるから」)

アイルランド人とお酒：

(28) What's the difference between an **Irish wedding** and an Irish funeral?
One less drunk. (Harris (2010: 178))
(アイルランドの結婚式と葬式の違いはなにか？
一方があまりお酒を飲まないことだ.)

推意：結婚式は大酒を飲むが，お葬式ではあまり飲まない．アイルランドではパブでギネスビールを飲むことが多く，お酒の場でのパブジョークも有名である．

アイルランド人と名前がばかな問題という例：

(29) The main trouble with Ireland is that every Tom, Dick and Harry is called **Paddy**.　　　　　　　　　　　　　　　(Sanjit (2003: 75))
（アイルランドの主要な問題はトム，ディック，ハリーがみんな，パディーと呼ばれることです．）

アイルランド人がいちばんけちという例：

(30) An Englishman, a Welshman and a Scotsman were left legacies by a friend on condition that each should put 5 pounds in his coffin.
The Englishman put in a 5 pound note.
The Welshman also put in 5 pound which he had borrowed from the Englishman.
The Scotsman took out the two 5 pound notes and put in a cheque for 15 pounds payable to bearer.
Three days later he was astonished to learn that the cheque had been cashed.　The **undertaker** was an Irishman.
(Mr. "O's" (1983: 77))
（イギリス人，ウェールズ人，スコットランド人がそれぞれが5ポンドを棺に入れるという条件である友だちに遺産を残した．
イギリス人は5ポンド紙幣を1枚入れた．
ウェールズ人はイギリス人に借りた5ポンド紙幣をまた入れた．
スコットランド人はその2枚の5ポンド紙幣を取り出して，持参人に支払い可能な15ポンドの小切手を入れた．
3日後，その小切手が現金化されたことを知ってその男は驚いた．その葬儀屋はアイルランド人であった．）

その他のアイルランド人のジョークの用例のみあげておきます．それぞれ

どこが落ちか考えてみてください．

(31) It was Paddy's first day with the Air Corps and he was thrilled skinny. As he was cruising across the Atlantic, ground control beamed him up a message. 'Give me your height and location,' said a voice. 'I'm five foot nine and I'm sittin' behind the steerin' wheel,' Paddy replied. (Sanjit (2003: 44))

(32) Two Irishmen are on an iceberg.
Paddy says to Murphy, "We're saved, we're saved."
Murphy: "How do ye know that?"
Paddy: "Here comes the Titanic." (Mr. "O's" (1983: 19))

(33) The Irishman at the front door said: "Morning, missus, Oi've come to mend your doorbell." "I was expecting you yesterday," the woman replied. "Shure now, but Oi rang then and got no answer."
(ibid.: 45)

(34) An American, an Englishman and an Irishman were travelling through the desert when their jeep broke down. They decided to walk to the nearest settlement.
The American said, "I'll take the water so we have something to drink."
The Englishman said, "And I'll take the food so we have something to eat."
The Irishman said, "Oi'll get the door off the jeep so when it gets too hot we can wind down the window." (ibid.: 53)

(35) Heard the latest innovation in Irish submarines?
Screen windows to keep the fish out. (ibid.: 62)

## 6.2.2. スコットランド人

安部 (2010: 87) によると，スコットランド人はけちで，抜け目がないというのが特徴となっている：

スクリプト： スコットランド人はけちで，抜け目がない
実例： (i) スコットランド人を唖然とさせて，突然に口がきけなく耳

が聞こえなくする方法とは？

そりゃあ簡単さ，慈善事業への寄付を頼めばいいことさ．

表意：慈善事業への寄付を頼む

スコットランド人に対する想定①： スコットランド人はけちである．

スコットランド人に対する想定②： もしもスコットランド人はけちなら，慈善事業への寄付を頼むと，びっくりして，口がきけなくなる．

**けちが金銭などを計算している例：**

(36) Have you heard about the Scotsman who married a **girl born on 29 February**?
He had to buy her a birthday present only once every four years.
(MacHale (1988 : 68))
(2月29日生まれの女性と結婚したスコットランド人男性について聞いたことがありますか？
4年に一度しか彼女に誕生日プレゼントを買わなくてすむから．)

(37) Why are there so few opticians and so **many dentists in Scotland**?
A person has only two eyes, but thirty-two teeth. (ibid.: 24)
(どうしてスコットランドに眼科医はとても少ないのに歯科医はたくさんいるの？
人には目は二つしかないが，歯は32本あるから．)

(38) Scotsman: 'Could I hire a horse please?'
Clerk: 'Certainly, sir. Any particular kind?'
Scotsman: '**A long one**—there are five of us!' (ibid.: 55)
(スコットランド人： 馬を貸してもらいたいが．
店員： はい，かしこまりました．なにか特殊な種類とかご希望ありますか？
スコットランド人： 長い馬をお願いします．私たちは五人のりますから．)

(39) In a fit of Christmas spirit Sandy sent Jock a Christmas present—a **homing pigeon**. (ibid.: 9)
(クリスマス精神にのっとり，サンディはジョック（＝スコットランド人）にクリスマスプレゼントを送った．家に戻ってくるハト．)

(40) A little Scottish boy burst into the house and said to his father:

'Daddy, Daddy, I ran home behind the bus and saved ten pence.'
His father replied, 'You could have done better son. You could have run home behind a taxi and saved fifty.' (ibid.: 5)
（小さなスコットランド人の少年がどっと家の中にはいってきて、お父さんに言いました。「お父さん、お父さん、バスの後ろを走って家まで帰ってきたから 10 ペンス節約したよ」
その父親は答えて言った。「もっといいことができたはずだよ。タクシーの後ろを走って家まで帰ってきたら 50 ペンス節約できたはずだよ」）

**けちがやるばかげた行為の例：**

(41) Have you heard about the famous sign on a Scottish golf course? Members will refrain from picking up **lost balls** until they have stopped rolling. (ibid.: 16)
（スコットランドのゴルフコースに書いてある有名な看板について聞いたことがある？
会員の皆様、ゴルフボールは止まるまでロストボールとして拾うのはご遠慮ください．）

(42) McTavish bought his wife an expensive **Japanese fan**. He told her it would last for years if she held it still and moved her head from side to side. (ibid.: 31)
（マクタービッシュは奥さんに高い日本の扇子を買ってやった．扇子をじっと持って，頭を左右前後に動かせば，何年も使えるよと彼は彼女に言いました．）

(43) In some Scottish restaurants they heat the **knife** so you can't use too much butter. (ibid.: 74)
（スコットランドのレストランでは，ナイフを温めて，バターをあまり使えないようにするところがある．）

(44) Did you hear that McDougal died of **starvation**?
He could not bear to eat because he had paid fifteen pounds to have his teeth cleaned. (ibid.: 8)
（マクデューガルは飢え死にしたのかを聞いた？
歯をきれいにするのに 15 ポンド支払ったから，食べることにはがまんでき

第 6 章　エスニック・ジョークの分析　　101

(45) McDougal had a dog for sale and was offered 500 pounds for it by an American and 100 pounds by an Englishman.
He sold it to the Englishman because he figured it could **walk back from London** but never swim the Atlantic.　　(ibid.: 55)
（マクデューガルが犬を売りに出し，アメリカ人からは500ポンドで，イギリス人からは100ポンドでほしいとの連絡があった．
その犬をイギリス人に売った，なぜならロンドンからは歩いて戻ってこられるが，大西洋は泳いで渡れないからと考えたからである．）

けち：　ロンドンからスコットランドまで歩いてその犬が戻ってこれるから．

(46) McTavish was travelling by rail in America.　He asked the railway clerk for a ticket to Springfield.
'Which **Springfield**, mister?' asked the clerk.　'Missouri, Ohio, Illinois, or Massachusetts?'
'Which is cheapest?' asked McTavish.　　(ibid.: 86)
（マクターヴィッシュはアメリカで列車で旅をしていた．スプリングフィールドまでの切符を駅員に尋ねると，
「どこのスプリングフィールドですか？」と駅員は聞いた．「ミズーリ，オハイオ，イリノイ，あるいはマサチュセッツですか？」
「どこが一番やすいですか？」とマクターヴィッシュは尋ねた．）

**けちであることを推意により計算する例：**

(47) What's the difference between a **Scotsman** and a coconut?
You can get a drink out of a coconut.　　（丸山 (2002: 245)）
（スコットランド人とココナッツとの違いはなんですか？
ココナッツからはココナッツミルクがとれる（がスコットランド人からはなにもとれない）．）

(48) No collection of Scottish jokes would be complete without the following report from a Glasgow newspaper: '**Two taxis** collided in Maryhill last night.　Three people were seriously injured.　The

other seventeen escaped with cuts and bruises.'

(MacHale (1988 : 85))

(いかなるスコットランド人ジョークも次のグラスゴー新聞の記事なしには完結しないでしょう.「2台のタクシーが夕べ,メリーヒルで衝突. 3人重傷,ほか17人は切り傷と打撲で難を逃れた」)

(49) Scottish newspaper headline : '**BED COLLAPSES** IN GLASGOW HOTEL—13 SCOTSMEN SERIOUSLY INJURED' (ibid. : 22)

(スコットランドの新聞の見出し:グラスゴーのホテルでベッドが壊れ13人のスコットランド人が重傷)

(50) McNab : 'I hear you were in the superstore when all the lights went out. Did you get anything?'

McTavish : 'I was very unlucky. I was in the **piano department** at the time.' (ibid. : 50)

(マクナブ: 電気がすべて消えているときにスーパーにいたと聞いたけど. なにかとったか?

マクタービッシュ: とても運が悪く,そのときはピアノ売り場にいたんだ.)

推意:ピアノは重くて電気が消えてももっていけなかった.

**推意でスコットランド人とバグパイプをリンクさせた例:**

(51) Jock visited London for his annual holiday and stayed at a large hotel. However, he didn't feel that the natives were very friendly. 'At three o'clock every morning,' he told a friend, 'they hammered on my bedroom door, on the walls, even on the floor and ceiling. Sometimes they hammered so loudly that I could hardly hear myself playing the **bagpipes**.' (ibid. : 5)

(スコットランド人は例年の休暇を利用してロンドンを訪れ,大きなホテルに宿泊した. しかしながら,そこの人たちはあまりフレンドリーでないと思った.

彼は友だちに言いました.「毎朝3時に,ホテルの人はベッドルームのドア,壁,床や天井でさえ,どんどん叩くよ. 時にはあまりに大きな音でトントン叩くから,自分のバグパイプの演奏している音がほとんど聞こえなかった

よ.」)

推意：バグパイプのうるさい演奏を一晩中していたのでホテルの宿泊者が彼の所に文句を言って来ていた．

スコットランド人がばかであるという例：

(52) Englishman: 'In Scotland, the men eat **oatmeal**; here in England, we feed it to our horses.'
Scotsman: 'That's why English horses and Scottish men the finest in the world.' (ibid.: 25)
(イギリス人：　スコットランドでは，人はオートミールを食べるが，ここイングランドでは馬に食べさせる．
スコットランド人：　だからイギリスの馬とスコットランド人がこの世で最高なんだ．)

(53) Jock and Sandy were travelling to Rome to support Glasgow Rangers in the final of the European Cup. Sandy, who had means, was travelling by air, while Jock was travelling overland. 'Where will we meet?' asked Jock.
'Let's meet in the **Vatican**,' said Sandy.
'In the bar or the lounge?' asked Jock. (ibid.: 34)
(ヨーロッパカップの最終戦のグラスゴー・レインジャーズを応援するため，スコットランド人とサンディはローマまで行った．財力のあるサンディは飛行機でいったが，スコットランド人は陸路をいった．どこで会おうか？　とスコットランド人は尋ねた．
「バチカンで会おう」とサンディは言いました．
スコットランド人は「バーかラウンジかですか？」と尋ねた．)

ばかな想定：バチカンとはホテルの名前と思っている．

スコットランド人とウイスキー，大酒のみをリンクさせたジョーク：

(54) Jock used to give his chickens the finest whisky to drink. He thought they might lay **Scotch eggs**. (ibid.: 9)

(スコットランド人はにわとりに最高級のウイスキーをよく飲ませていた．スコッチエッグを生んでくれるかもしれないと思っていた．)

(55) Scotsman will never be insulted if you offer him a small glass of **whisky**—he will merely swallow the insult. (ibid.: 9)

(スコットランド人は小さいグラス1杯のウイスキーを君におごってもらえば侮辱されることは決してなかった．ただ単にその侮辱はぐっと飲み干せば済むから．)

(56) Jock was at a bitterly fought Rangers v. Celtic football match in Glasgow. The man next to him was terrified as the missiles flew over their heads.

'Don't worry,' Jock assured him, 'you won't get hit by a bottle unless it's got your name on it.' 'That's what I'm afraid of,' said the man, lowering his head further. 'My name is **Johnny Walker**.'
(ibid.: 28)

(スコットランド人はグラスゴーでレインジャーズとセルティックとの激しいサッカーの試合を見ていた．隣の席の男はミサイルが頭の上を飛ぶので怖がっていた．

スコットランド人は確かに言えることは「心配ないよ．ビンに自分の名前が書いてない限り，そのビンでなぐられることはないよ．」「だから心配してるんだ．」とその男は頭をさらに低くしながら，「私の名前はジョニー・ウォーカーだ」)

(57) Jock attended the **temperance lecture** given by one of the country's top medical men who was also a noted anti-drink campaigner. The speaker commenced by taking a live worm, all wriggling and moving, and placing it in a large container of whisky. After a few moments the worm died and sank to the bottom.

The speaker turned to his audience and said quietly, 'Now, my friends, what does this prove to us?'

Jock piped up, 'If you drink whisky, you won't be troubled by worms.' (ibid.: 96)

(スコットランド人は有名な飲酒反対運動家でも知られている国中で最高の医者により行われる禁酒に関する講演会に出席した．講演者はくねくねうごい

ている，生きた虫を取り出し，それを大きなウイスキーの入れ物に入れた．しばらくしてから，その虫は死んで底に沈んだ．
講演者は聴衆のほうを向いて，静かに言った「さて，皆様，このことで私たちはどんなことが分かりますか？」
スコットランド人は甲高い声で言った「ウイスキーを飲んだら，虫によるトラブルが起こることはありません」)

異なる知識による，推論結果の落ちとなっている．ウイスキーは体内の悪い虫を殺すので，禁酒する必要はないという解釈．

スコットランド人とサッカーのリンクしたジョークの例：

(58) An English silver expert travelling in Scotland was asked if he would like to look at the trophies won by **the Scottish national football team**. He said he wasn't interested in antiques. (ibid.: 6)
(イギリス人銀の専門家がスコットランドを旅行して，スコットランドナショナルサッカーチームが勝ちとったトロフィーを見たいかと聞かれた．骨董品には興味はないと答えた．)

### 6.2.3. ユダヤ人

(i) 鼻の穴
問い： ユダヤ人の鼻の穴はなぜ大きいのか？
答え： 空気はただだから
問い： では，なぜ日本人の鼻の穴は小さいのか
答え： ただだから，遠慮しているため

(早坂 (2006: 125))

Ben Eliezer (2003) *Jewish Humour*, London: Prion Books や David Minkoff (2005) *The Unlimate Book of Jewish Jokes*, London: Robson Books のようなユダヤ人ジョーク集がすでにたくさん出版されている．

　Menchin, Robert (1997: 12) *101 Classic Jewish Jokes: Jewish Humor from Groucho Marz to Jerry Sinfeld*, Menphis, TN: Mustang によると，以下のようにユダヤ人がジョーク，コメディーの世界に貢献していることが分

かる.

> According to Time magazine, in the 1960's, when Jews made up less than 3% of the population, nearly 80% of the top comedians and humorists were Jewish. Today, the number of non-Jews and other ethnic comics has increased, but Jews are still over-represented on the comedy scene.
> Though the jokes may have lost something in the translation from Yiddish to English and from the spoken word to the printed page, you should be able to see the fundamental reasons they have survived the decades and continue to incite mirth. (p. 14)

（1960年代のタイム誌によると，アメリカの人口の3％以下がユダヤ人であったが，トップコメディアンとユーモア作家のおよそ80％はユダヤ人であった．今日では，ユダヤ人でない人や，他のエスニックコミックが増加してきたが，いまでも，ユダヤ人がコメディーの場面では活躍している．

イディッシュ語から英語への翻訳や，話し言葉から書き言葉への翻訳で，ジョークの一部が失われるが，ジョークが何十年も生き続ける基本的な理由を見ることができるし，浮かれ騒ぐことを励まし続けることもできるはずである．）

ユダヤ人1：

(59) **Woody Allen,** Annie Hall：
　　Woody："Doc, my brother's crazy. He thinks he's a chicken."
　　Doctor："Really, why don't you turn him in?"
　　Woody："I would, but we need the eggs."

(Menchin (1997: 10))

（ウッディー：お医者さん，ぼくの兄があたまがおかしくて．自分をチキン（にわとり）と思っています．
　医者：ほんとうですか？なぜ，彼にそれをあきらめさせないんだ？
　ウッディー：そうしたいが，卵が必要なんで．）

ユダヤ人2：

(60) **Henny Youngman**

"I was so ugly when I was born that the doctor slapped my mother." (ibid.: 93)
(僕はとてもみにくかったからうまれた時に医者は母親をぴしゃりと殴ったんだ.)

"Last night I baited a mousetrap with a picture of cheese. I caught a picture of a mouse."
(夕べ,チーズの写真をネズミ捕り器にしかけたら,ネズミの写真が捕まえられたよ.)

"I haven't spoken to my wife in three weeks. I didn't want to interrupt her."
(3週間も妻と話していません.彼女の邪魔をしたくなかったから.)

ユダヤ人3：

(61) **Rodney Dangerfield**
"I tell ya, I don't get no respect. My kid goes to a private school. He won't tell me where." (ibid.: 94)
(あのね,私はちっとも尊敬されていないんです.子供がプライベートスクールにいってますが,私にはどこに学校があるか教えてくれません.)

ユダヤ人4：

(62) **The Marx Brothers**
"Outside of a dog, a book is man's best friend. Inside of a dog, it's too dark to read." (ibid.: 95)
(犬以外（犬の外側）では,本が人間の最良の友であり,犬の内側では,暗すぎて本は読めません.)

---

コラム22

　ジョークの内容が偏見・差別に満ちているのではないかと,ユーモア学者間での論争が『ユーモア』(国際ユーモア学会誌)において交わされてきている.ユダ

ヤ系アメリカ人女性をジョークにした Jewish American Princess (JAP) ジョークの内容について議論が起きた．

(i) スペンサー（Spencer (1989)）とアルペリン（Alperin (1989)）は「JAPジョークは，ユダヤ系アメリカ人女性に対する否定的なステレオタイプをつくりあげ，ひいては反ユダヤ主義を助長する役割を果たしている」と主張した．
(ii) これに対して，セイパー（Saper (1991)）は，もともと JAP ジョークは，ユダヤ人同士が内輪で楽しむために作られてものであり，JAP ジョークの裏には人を嘲り，笑ったり，傷つけたりするものはないと反論した．
(iii) これとは，反対に，デイビス（Davies (1990)）は，JAP ジョークは，ユダヤ文化の特質や長所を再認識する手段であるという見解を唱えた．

安部剛は「エスニックジョークは，人間の行動を規制し，形成する温度調整器」と特徴づけている（安部 (2010) を参照）．

---

　大島（2006: 21）『日本の笑いと世界のユーモア』にあげられたユダヤ人のジョークの実例です．

(i) Q 「ピザとユダヤ人の違いは何？」
　　A 「ピザはオーブンに入れても泣き叫ばない」

表意：　ピザはオーブンに入れても泣き叫ばない
想定（知識）：　ユダヤ人はナチにより虐殺された
推意：　ユダヤ人はオーブンにいれると泣き叫ぶ（泣き叫んだ）
が暗に計算される．

**ユダヤ人が計算高いという例：**

(63) When I was little I got a boy to **play doctors** with me, but he sent me a bill. 　　　　　　　　　　　　　　（丸山 (2005: 161)）
　　（ぼくが小さい時にお医者さんごっこしたら，その子から治療費の請求書が送られてきた.）

第6章　エスニック・ジョークの分析　　　　　　　　109

(64)　**Inflation**:　What used to cost ten dollars to buy now costs twenty dollars to repair.　　　　　　　　　　　　　　　　(ibid.: 251)
（インフレとはかつて買うのに10ドルだったものをいまでは修理するのに20ドルかかるということ．）

ユダヤ人が頭がよいという例：

(65)　Q:　What's a **genius**?
　　　A:　An average student with a Jewish mother.
　　　　　　　　　　　　　　　　　　　　　　　(Minkoff (2005: 18))
（天才とはなにか？
　ユダヤ人の母親をもつ普通の学生．）

(66)　What's the difference between an Italian mother and a Jewish mother?
　　　The Italian mother says, "If you don't eat all the food on this plate, I'll kill you."
　　　The Jewish mother says, "If you don't eat all the food on this plate, I'll kill myself."　　　　　　　　　　　　　　(Knott (1983: 9))
（イタリア人の母親と，ユダヤ人の母親の違いは何ですか？
　イタリア人の母親は，「このお皿のたべもの全部食べないと，おまえを殺すぞ」という．
　ユダヤ人の母親は，「このお皿のたべもの全部食べないと，自分が死んでしまうよ」と言う．）［ユダヤ人の母親は子供を大切にし，自分は犠牲になってもよいの意］

推意によるユダヤ人の特質を表すジョークの例：

(67)　Sheldon tells his best friend, "Every girl I bring home, my mother doesn't like.　I just can't seem to please her."
　　　His friend replied, "Keep looking until you find a girl who looks just like your mother.　Then she can't find fault with her."
　　　Three months later, Sheldon meets his friend and says, "I did what you said.　I finally found a girl just like my mother—same height,

same hair, same personality.　She was exactly like my mother."
"So what happened?"
"My father **hated** her."　　　　　　　　　　　(Menchin (1997: 25))

（シェルダンは親友に「ぼくが家に女の子を連れて帰ると，母親が気に入らないんだ．お母さんを喜ばせることはできそうにない.」

友だちは次のように答えた「お母さんそっくりな女の子をさがし続けなさい」そうすれば，お母さんは女の子のあらさがしをしないでしょう．

3か月後，シェルダンは友だちにあって，次のように言います「君の言ってくれたとおりにしたら，ついに，母親にそっくりな女の子が見つかった——同じ背の高さで，同じ髪で，同じ人柄で．彼女は母親そっくりだったんです．」

「それでどうなったんですか？」

「父親がその女の子が大嫌いになったよ」）

### 6.2.4. ポーランド人
**ばかげた行動:**

(68)　Hear about the Pole who went out and bought four new **snow tires**? They melted on the way home.　　　　　　　(Knott (1983: 31))

（お出かけして，4本のスノータイヤ（雪でできたタイヤ）を買ってきたポーランド人のことを聞きましたか？

そのタイヤは家に帰る途中で解けたんだよ.）

(69)　Why don't Polish women **breast-feed** their babies? It hurts too much when they boil the nipples.　　　　　　(ibid.: 35)

（なぜポーランド人女性は赤ん坊におっぱいをあげないのか？

ちくびをゆでるととてもいたいからです.）

(70)　In America, they say, "It's 10:00—do you know where your children are?"

In England, they say, "It's 10:00—do you know where your wife is?"

In France, they say, "It's 10:00—do you know where your husband is?"

第6章　エスニック・ジョークの分析　　　111

In **Poland**, they say, "It's 10:00—do you know what time it is?"
(ibid.: 8)

（アメリカでは,「10時です．子供たちはどこにいるか知ってますか」と言い,
イギリスでは,「10時です．奥さんはどこにいるか知ってますか」と言い,
フランスでは,「10時です．ご主人はどこにいるか知ってますか」と言い,
ポーランドでは,「10時です．今何時か知ってますか」と言う．）

**推意によるばかげた考え：**

(71) 　How about the **Polish abortion clinic**?
　　　There's a year-long waiting list. 　　　　　(ibid.: 29)
　　　（ポーランドの人工中絶クリニックはいかがですか？
　　　1年間の順番待ちです．）

(72) 　The Polish guy ordered a **pizza** with everything on it. When it came out of the oven, the guy asked him if he'd like it cut into four or eight pieces. "Make it four," said the Pole. "I'll never be able to eat eight." 　　　　　(ibid.: 32)
　　　（ポーランド人はすべてのものがのっているピザを注文した．オーブンから取り出したときに，その人が，4つに切るか8つに切るのがいいかと聞かれた．そのポーランド人は「4つ切りにしてくれ」と言った．「8つ切りは食べられないから」）

**ポーランドはなにもない貧しいところ，文化もないというイメージ：**

(73) 　What is the thinnest book ever written?
　　　The **history of Polack culture**. 　　　　　(Davies (1990: 55))
　　　（これまでに書かれたもっとも薄い本とはなにか？
　　　ポーランドの文化史です．）

(74) 　Q:　How do you say "**soap**" in Polish?
　　　A:　Sorry to disappoint you. There is no such word in the Polish language. 　　　　　(Macklin and Manny (1976: 63))
　　　（ポーランド語で「石鹸（ソープ）」はどういいますか？
　　　がっかりさせてすいませんが，ポーランド語にはそのような単語は存在しま

せん.)［ポーランド人は汚いという含み］

## 6.2.5. イタリア人
**イタリア人のエスニック・ジョークの特徴：**

The Italians are particularly fond of jokes which depict the Carabinieri, a semimilitary, highly bureaucratic armed police force, as absurdly stupid, for these jokes both mock a form of authority which impinges on the individual and are ethnic jokes about the uneducated rural southerners from whom the Carabinieri are predominantly recruited.　　　　　　　　　　　　　　　　　　　(Davies (1990: 77))

(イタリア人は特にイタリア国家憲兵，半軍人，とても官僚的で武装した警察隊をとてもばかであると描くジョークを特に好む．なぜならこれらのジョークは個人と衝突する権力をあざ笑い，イタリア国家憲兵の新兵に圧倒的にたくさんなる地域，すわわち教養のない南部の地方に関するエスニック・ジョークであるから．)

**イタリア国家憲兵，警察，軍隊などをばかにしたジョーク：**

(75)　Why does it say "**Carabinieri**" on the door of their cars?
　　　Because a Carabinieri can't fit in the trunk.　　　　(ibid.: 77)
　　　(「イタリア国家憲兵」となぜ車のドアに書いてあるのか？
　　　イタリア国家憲兵はトランクの中にぴったりとおさまらないから．)

**統語的類似性に基づくジョーク：**

(76)　One Italian cop says to another: "**Call me an elevator**, please."
　　　The second cop replies: "O.K.　Elevator!"
　　　"No, no, with your finger."
　　　The other, putting his finger in his mouth: "Elevator!"　　(ibid.: 77)
　　　(あるイタリア人警官がもうひとりに「エレベーターを呼んでください (私をエレベーターと呼んでください)」というと．
　　　二人目の警官は「オーケー，エレベーター」と答えた．

「違います,指を使うんです」
もう一人が,指を口にくわえて,「エレベーター」と言いました.)

Call me an elevator が統語的に二つの意味になるところを利用し,通例は「私のためにエレベーターを呼んでください」の意だが,ここでは「私をエレベーターと呼ぶ」の意となり,ずれている.指でエレベーターのボタンを押すのに,指を口にくわえて「エレベーター」というところが異常でおもしろくなっている.

(77) How do you **train** Italians to be soldiers?
First teach them to raise their hands above their heads. (ibid.: 175)
(イタリア人は兵士をどのようにして訓練しますか?
最初に,教えることは両手を頭の上にあげることです.)

両手を頭にあげることは推意として「イタリア兵士は負けたときの動作をまず教えられる」「イタリア兵士は弱い」などの含みを暗に伝えている.

**イタリア南部の人をばかにしたジョーク:**

(78) What do you call a **Neapolitan** with a war medal?
A thief. (ibid.: 197)
(戦争の勲章をもっているナポリ人をどう呼びますか?
泥棒.)

想定として,ナポリは泥棒で有名で,戦争の記念メダルをもっている人は通例は退役軍人だが,イタリア南部は泥棒が多いということで,戦争の勲章を盗んだ泥棒であると推論しているところがおもしろい.

**イタリア南部はマフィアで有名ということを用いたジョーク:**

(79) Why don't mosquitoes ever bite the **Italian godfather**?
Because he's so coldblooded that the mosquitoes would die of pneumonia. (ibid.: 202)
(なぜ蚊はイタリア人ゴッドファーザーをどうしてもかまないのか?
とても冷血なので,蚊は肺炎で死んでしまうから.)

cold blooded は通例は精神的に冷血という意だが，ここでは文字どおりに血液が冷たいという意.

(80) Did you hear about the advertisement for Italian army rifles? "Never been shot and only dropped once."

(Knott (1983: 1))

(イタリア軍のライフル銃の広告について聞きましたか？
「一度も発砲したことはないが，ただ一度だけ落としたことがあります」)

### 6.2.6. アメリカ人
英語しかできないとばかにしたジョーク：

(81) Q: What do you call a person who speaks two languages?
A: Bilingual.
Q: What do you call a person who speaks three languages?
A: Triligual.
Q: What do you call a person who speaks one language?
A: **American**. (丸山 (2002: 151))

(2 か国語を話す人をなんと呼びますか？
バイリンガル.
3 か国語を話す人をなんと呼びますか？
トリリンガル.
1 か国語を話す人をなんと呼びますか？
アメリカ人.)

(82) What do Americans call a TV set that goes five years without need of repair?
An import. (Harris (2010: 172))

(アメリカ人は 5 年間修理する必要のないテレビを何と呼びますか？
輸入品.)

推意：アメリカのテレビは 5 年以内に必ず故障して，修理が必要な粗悪品である.

## 6.2.7. オーストラリア人

(83) There's a Japanese firm that has developed a camera with a shutter speed so fast it can actually catch an **Aussie** with his mouth shut!

(丸山 (2007: 208))

(日本の会社が高速シャッタースピードのカメラを開発したので，実際にオーストラリア人が口を閉じている瞬間をキャッチできる．)

推意：オーストラリア人はよくしゃべるので，だまっていることはあまりない．

(84) An Australian loves **his beer**, his mates, and his wife—and in that order. (Davies (1990: 262))
(オーストラリア人はビール，友だち，自分の妻の順に，大好きである．)

推意：オーストラリア人はビールが大好きである．酒飲みである．

(85) An Englishman was applying to go and live in Australia.
'Do you have a **criminal record**?' asked the immigration official.
'No,' said the Englishman. 'Do I need one?' (Harris (2010: 175))
(イギリス人がオーストラリアに移住する出願をしていた．
「犯罪歴はありますか？」と移民局の人が尋ねた？
「いいえありません」とそのイギリス人は答えた．「犯罪歴は必要ですか？」)

推意：オーストラリアには罪人がもともと流されたという知識により，今でも犯罪歴が必要と考えている．

## 6.2.8. 日本人
**日本人が礼儀正しいという想定に基づくジョーク：**

サッカーが下手な理由
問い： 日本人はなぜサッカーが下手なのか？
答え： パスが来るとボールにお辞儀してしまうから

推意：もしもパスがきてお辞儀をすると，ボールは相手にとられてシュートされて負ける（だから日本人はサッカーが下手である）．これは football joke, soccer joke で英国ではサッカーが盛んで，各地のチーム，選手のジョークがたくさんあり，それを日本人向けに改作してあるようです．

**日本人が英語 l, r の発音が下手という想定に基づくジョーク：**

(86)　Japanese：　I like **the flute** velly much.
　　　Englishman：　Do you play it?
　　　Japanese：　Play it?　No, I eat it—apples, grapes and pears.
（丸山（2007: 209））

　　　（日本人：　フルートがとても好きです．
　　　　イギリス人：　演奏するの？
　　　　日本人：　演奏する？　いいえ，それを食べます．リンゴとかブドウとか梨とか．）

(87)　On a beautiful deserted island in the middle of nowhere, the following people are stranded：
　　　Two Italian men and one Italian woman
　　　Two Japanese men and one Japanese woman
　　　One month later, the following things have occurred：
　　　One Italian man killed the other Italian man for the Italian woman
　　　The two Japanese men have faxed Tokyo and are waiting for instructions.
（ベルトン（2004: 51-54））

　　　（ある美しい無人島に，次の人々が打ちあげられた
　　　　イタリア人の男ふたりとイタリア人の女ひとり
　　　　日本人の男ふたりと日本人の女ひとり
　　　　1 か月後，次のことが起こった
　　　　イタリア人の男はもうひとりの男を殺し，女をモノにした
　　　　ふたりの日本人は東京にファックスを送り，指示をまっている．）

推意：イタリア人の男性は愛のためには人殺しもするが，日本人の男性は上司からの指示がないかぎり，何もすることができない．

## 6.2.9. 黒人（アフリカ系アメリカ人）
黒人の有名人の知識に基づくジョーク：

(i) Q 「たくさんの白人に追いかけられている黒人を何と呼ぶ？」
A 「PGA（プロゴルフ協会）——タイガー・ウッズ！」(p. 172)

想定（知識）：タイガー・ウッズはゴルフで有名な黒人で，ギャラリーは白人がたくさん見に来ている．

黒人の肉体的な特徴に対するジョーク：

(88) Why do blacks wear wide-brimmed hats?
So **pigeons** don't shit on their lips.　　　　(Knott (1983 : 14))
（なぜ，黒人はつばの広い帽子をかぶりますか？
鳩が唇に糞を落とさないように．）

(89) What's the definition of **worthless**?
A seven-foot-two-inch black with a small cock who can't play basketball.　　　　(ibid.: 13)
（役に立たないものの定義はどうなりますか？
バスケットができない，たまたまの小さな7フィート2インチの黒人．）

黒人のばかげた考えに基づくジョーク：

(90) Did you hear about the little black kid who got **diarrhea**?
He thought he was melting.　　　　(ibid.: 17)
（下痢になった黒人の小さな子供について聞きましたか？
彼は自分が解けていると思った．）

黒人を蔑視しているジョーク：

(91) What do you call a black millionaire physicist?　A **nigger**.
　　　　(ibid.: 15)
（黒人の億万長者の医者のことをどう呼ぶか？ ニガー．）

nigger は negro より軽蔑的な語．ただし，黒人同士が用いる場合には親近

感を表す．

### 色を使ったなぞなぞ：

(92) What's yellow on the outside, black on the inside, and goes screaming over a cliff?
A school bus full of **black kids**. (ibid.: 112)
(外は黄色で，中が黒で，崖っぷちで叫ぶものはなんですか？
黒人のこどもがいっぱいのっているスクールバス．)

### 6.2.10. アメリカ各地のジョーク

テキサス州はとても暑いという想定に基づくジョーク：

(93) Sometimes it gets so hot in Texas. **Rattlesnakes** will crawl into a campfire just to find some shade under the frying pan. (Cloutier (1981: 101-102))
(テキサスはときにはとても暑くなるね．
ガラガラヘビがフライパンの下に日陰を求めてキャンプファイアーに忍び込んでくるよ．)

テキサスの人はうそつきというジョーク：

(94) An **Arkansas travel agent** was advising a client about his planned trip to Texas.
"If you're talking to a Texan," he said, "and the man blinks his eyes a lot, he's probably lying.  But then again, he might not be.  If he wrings his hands constantly, there's a good chance he's lying.  There's also a chance he isn't.  Watch his head.  If it twitches, you can bet he's not telling the truth.  On the other hand, he could be ... The only way to really know is to look at his mouth.  If it's moving while he's talking, you can be sure he's lying. (ibid.: 17-18)
(アーカンサスの旅行会社はテキサスへの計画にそって行われる旅行について客に忠告していた．

「もしもテキサスの人に話しかけて,その男が目をぱちくりと何回もしたら,たぶん,うそをついている.でも,ひょっとしたら,うそをついていないかもしれない.両手をたえず握りしめると,うそをついている可能性が大きい.でもうそをついていない可能性もある.相手の頭をじっとみてください.頭をぴくぴく動かしていたら,きっと本当のことはいっていない.でも,本当のことをいっているかもしれないが.

本当のことを知る方法は一つだけあって,相手の口を見ることである.もしも,動いていて話していたら,きっと相手はうそをついているよ」)

このジョークはよく似た形式で世界中で用いられている.

**エル・パソに関するばかげた行為に対するジョーク:**

(95) There's a multi-millionaire in **El Paso** who has three swimming pools in his back yard.
One is filled with warm water, the other with cold water and the third pool is empty.
It's for guests who don't know how to swim.　　　(ibid.: 83–84)
(自分の裏庭にプールが三つある大金持ちがエル・パソにいます.
一つのプールはお湯でいっぱいに,もう一つのプールは水で,三つ目のプールは空っぽです.
三つ目は泳ぎ方を知らないお客のために用意してあります.)

**アラバマに関するメタ言語でスペルの問題としてのなぞなぞ:**

(96) Why is **Alabama** so smart?
Because it has more A's than B's.　　　(Keller (2007: 34))
(アラバマはなぜそんなに賢いのですか?
なぜなら,アラバマにはBよりAがたくさんあるからです.)

Alabamaのスペリングには A が 4 個, B が 1 個あるから. A は優, B は良の評価.

## 6.2.11. ハワイにおけるジョーク

大島 (2006: 177-178) によるハワイにおけるステレオタイプの記述は以下のようなものである．

**Portagee（ポルトガル人）**： どこか間抜け
**Blalla（ハワイ人男性）**： 体が大きく，力が強く，おおらか
**Tida（ハワイ人女性）**： 体が大きく，力が強く，おおらか，負けず嫌い
**Buddah Head（日系人）**： 勤勉
**Sole（サモア人）**： ハワイ人より体が大きい．サモア人にはジョークを言わない，ということがジョークになっている
**Buk Buk（フィリピン人）**：経済的にまずしいため，犬を食べるというジョークが多い
**Pake（中国人）**：商売上手で，浪費がきらい．よく働く，値切るのがうまい
**Yobo（韓国人）**：キムチを食べる，昔は日本人と仲が悪かった
**Haole（アングロサクソン人）**：裕福，頭がよい，高学歴，おしゃべり，異文化に対して無知

**日系人は勤勉，金持ちという想定，推意：**

(97) Why did God make gold chains?
So Okinawans know where to stop shaving.

(Lanai and Augie (2001: 48))

（どうして，神は金の鎖を作ったのか（首にかけてある）？
だから，沖縄の人はどこでひげそりをやめるか分かるように．）

(98) Japanese were first called **Buddha Heads** back in plantation days. It was a friendly term, used by friends. Today it is a pidgin work and some Japanese take offense.　　　(Hopkins (2006: 71))

（日本人はプランテーションの時代には最初は Buddha Head（仏像の頭）と呼ばれていた．友だち同士による親しみのある言い方であったが，今日では，ピジン化も作用して，日本人の中には怒りだす人もいる．）

(99) One fellow said to another, "I heard the Arabs are going to buy up all of the **properties in Hawaii**.

第 6 章　エスニック・ジョークの分析　　　　　　　　　　121

The other said, "Don't worry, the Japanese will never sell it."
(ibid.: 72)
（ある男が，もうひとりに「アラブ人がハワイのすべての不動産を買い占めてしまうそうだよ」に言いました．
もうひとりが，「心配しないでいいよ．日本人が絶対に売らないから」と言った．）

日本人もアラブ人同様に金持ちであるという想定がある．

**ポルトガル人はどこかがばかであるというジョーク：**

(100) Why don't Portagees think **Polack jokes** are funny?
Because it sounds like what they do all day. (ibid.: 5)
（ポルトガル人はポーランド人ジョークがどうしておもしろいと思わないのか？
毎日自分たちがしていることと同じようなものだから．）

(101) Why do the Japanese, the Pakes, and the Portagees all walk with **tiny steps**?
The Japanese wear tight dresses. The Pakes are tight. And Portagees forget to cut the string holding the slippers together.
(ibid.: 50)
（日本人，中国人，ポルトガル人はどうしてみんなこまたで歩くのか？
日本人はぴったりとした服を着ているから，中国人はけちだから，そしてポルトガル人はスリッパのくっつけてあるひもを切るのを忘れているから．）

**ポルトガル人がばかな動作をするというジョーク：**

(102) How many **Portagees** does it take to make popcorn?
Eleven. One to hold the pan and ten to shake the stove.
(ibid.: 13)
（ポップコーンをつくるのにポルトガル人は何人いるのか？
11 人．ひとりはフライパンをもち，あとの 10 人はストーブをゆする．）

(103) Do you know why the Portagee spent three days in the **revolving**

**door**?
He couldn't find the doorknob. (ibid.: 34)
（どうしてポルトガル人は回転ドアで 3 日間過ごしたか分かりますか？
ドアの取っ手が見つけられなかったから．）

## フィリピン人は貧しいというジョーク：

(104) What do you call a Filipino family without a dog? **Vegetarians**.
(ibid.: 76)
（犬のいないフィリピン人の家庭をどう呼ぶか？ベジテリアン．）

(105) You know you are in Manila because the dogs are wearing **bullet-proof vests**! (Lanai and Augie (2001: 50))
（あなたがマニラにいることは分かるね．犬が防弾チョッキを着ているから．）

フィリピン人は犬を食べるという想定がある．

(106) Lanai & Augie's commandments:
Thou Tongans shall not build stone walls without permits.
Thou females shall not buy Hawaiian bracelets while on E.B.T.
Thou **Mokes** shall not pick your teeth with fork at table.
Thou Filipinos shall not request the electric slide more than once at parties. (ibid.: 15)
（ラナイとオーギーの戒律：
なんじトンガ人は許可なく石壁をつくってはいけない．
なんじ女性は EBT の際にはハワイのブレスレットを買ってはいけない．
なんじ地元の強い人は食事中にフォークで歯につまったものをとってはいけない．
なんじフィリピン人はパーティーの最中に 2 度以上電動のスライドを要求してはいけない．）

## 中国人はけちであるという想定，推意の例：

(107) What did the canary say to da (= the) two Chinese guys? "**Cheap**, **cheap**." (ibid.: 46)

(カナリアは二人の中国人になんと言ったか？「チープ，チープ」)

cheap（やすい）と Chirp（小鳥のちゅんちゅんという泣き声）の音の類似性．

(108) What's the difference between a **Pake** and a canoe? A canoe tips.
(ibid.: 47)

(中国人とカヌーの違いはなにか？ カヌーはひっくり返る．)

tip はカヌーとのリンクでは傾きひっくり返るの意で，中国人とのリンクでは推意として A Pake does not tip（すなわち中国人はけちでチップはくれない）の意．

(109) What's the difference between a **Pake** and a canoe?
Canoes occasionally tip. (Hopkins (2006: 91))
(中国人とカヌーの違いは？
カヌーはときにはチップ（＝傾く）する（が中国人は決してチップはくれない）．)

推意により，中国人はチップくれないのはけちだから．

### 韓国人は日本人と仲が悪いという想定：

(110) What do you get when a **Yobo** marries a Japanese?
Four angry parents. (ibid.: 100)
(韓国人が日本人と結婚したら，何をえるか？
四人の怒れる両親．)

### アングロサクソン人は異文化に対して無知という想定がある：

(111) How can you tell the **haoles** in a Pake restaurant?
They're the ones not sharing the food. (ibid.: 108)
(中華料理店にいるアングロサクソン人はどうして見分けるのか？
食べ物を分け合ってない人たちです．)

(112) Why did God invent golf?
So **haoles** could dress up like Filipinos. (ibid.: 107)

(どうしてゴルフが発明されたのか？
アングロサクソン人がフィリピン人と同じように着飾ることができるように．)

**ハワイ語の音声のなまりのものまね：**

(113) What's old, wrinkled, and hangs out your BVDs?
Your **maddah**. (Lanai and Augie (2001 : 8))
(古くて，しわがあって，君の BVD を干す人は誰？
君のお母さん (maddah = mother)．)

**あいまい性除去にかかわるジョーク：**

(114) Why can't you tell a joke at Ice Palace?
Cause the ice might **crack up**. (ibid.: 6)
(アイスパレスではジョークを言ってはどうしていけないの？
氷がひょっとしたらひび割れるかもしれないから（笑い転げるかも知らないから）．)

crack up は氷とのリンクでは「ひび割れる」の意で，ジョークとのリンクでは「笑い転げる」の意．

(115) Did you hear about da accident on the Schofield Base?
A jeep ran over a box of popcorn and killed 2 **kernels**! (ibid.: 7)
(ショフィールド基地の事故について聞きましたか？
ジープがポップコーン１箱ひいて，二つのコーンの粒をだめにした（二人の大佐を殺した）．)

kernel はコーンとのリンクではトウモロコシの粒の種であり，基地とのリンクでは colonel．軍人の階級の一つ．「大佐」の意．kernel と colonel の音の類似性による．

**語形成に関するジョーク：**

(116) How do we know that **toothpaste** wasn't invented on Lanai?

Because it's not called teethpaste.                    (ibid.: 8)
(toothpaste（歯磨き粉）がラナイで発明されなかったのはどうしてか分かるかな？
teethpasteと呼ばれていないから.)

ラナイはばかだから複数形の teethpaste を用いたという想定に基づく.

バカなものを売るというジョーク：

(117)　THINGS YOU MIGHT SEE AT LANAI AND AUGIE'S
     **GARAGE SALE**：
     Used toothbrush
     Soap not in package
     Rectal thermometer
     Dinner plate with rice stuck to it
     False teeth
     Panties and BVDs
     Mr. Cockett's hair piece
     Kuoaloha's weather baton
     Kupena High School clothes
     Fui's bail bonds
     Sean N. Fish and Poi                           (ibid.: 20)
     (ラナイとオージーのガレージセールで見ることのできそうなもの
       使用済みの歯ブラシ
       パッケージにはいっていない石鹸
       四角い温度計
       ごはんのくっついたお皿
       入れ歯
       パンツとBVD
       Mr. コケットのつけ毛
       クオアロハのお天気を示す棒
       クペナハイスクールの制服
       フイの保釈中の鎖

Sean N のフィッシュとボイ）

## 6.2.12. カナダの風土，動物，スポーツなどに関するジョーク
カナダとスポーツに関するジョーク：〈語彙的あいまい性除去〉

(118)　What sport do hairdressers love the most?　**Curling**.

(O'Connor (2005：36))

（美容師の大好きなスポーツはなに？　カーリング．）

curling は美容師とのリンクでは髪をカールするの意（表意①）で，スポーツとのリンクではカーリングの意（表意②）．

(119)　What do a hockey player and a magician have in common?
　　　　Both do **hat tricks**!　　　　　　　　　(Hershkowitz (2004：14))
　　　　（ホッケー選手と手品師との共通点はなにか？
　　　　両方ともハットトリックをします．）

hat tricks ＝ホッケーのハットトリック，手品師の帽子の手品の意．

(120)　What did the man put on his car when the weather was cold?
　　　　An extra **muffler**.　　　　　　　　　　　　　　　　(ibid.：68)
　　　　（その男は寒いときには，自分の車になにをつけるか？
　　　　予備のマフラーをつける．）

muffler ＝車用マフラー，人間用マフラーの意をかけている．

**音声的類似性に基づくジョーク：**

(121)　Where do farmers in the north keep their hogs?　In **pigloos**!

(O'Connor (2005：2))

（北極の農夫は豚をどこで飼いますか？　ピッグルーで飼います．）

Igloo イグルーとの音の類似性．

(122)　What do you call a polar bear with no socks on?　**Bear-foot**.

(Hershkowitz (2004：30))

(靴下をはいていない北極熊をなんと呼ぶか？ はだしの熊.)

bare-foot「はだし」と同音でしゃれている．

### 統語的類似性に基づくジョーク：

(123) How does Wayne Gretzky stay cool?
   He **sits next to the fans**.                              (ibid.: 12)
   (ウェイン・グレツキーはどのようにして冷静に（涼しく）していますか？
     ファンの（扇風機の）横に座ります．)

### 命題内容の類似性に基づくジョーク：

(124) What happened when the snowgirl broke up with the snowboy?
   She gave him **the cold shoulder**.                        (ibid.: 48)
   (雪だるまの女の子が男の子と別れたときにはなにが起こったか？
     彼女は彼に冷たい態度を取った．)

the cold shoulder＝冷たい肩，冷たい態度（後者は成句表現）．

### ばかなカナダ人のジョーク：

(125) Canucklehead: Doctor, **my eye hurts** every time I drink hot chocolate!
   Doctor: Then take the spoon out of the cup first!
                                               (O'Connor (2005: 70))
   (カナダ人： 先生，ホットチョコを飲むたびに目が痛いのです．
     医者： それじゃ，最初にカップのスプーンを取り出してください．)

このジョークの形式は世界中でばかなこととして用いられている．

### カナダの国旗に関するジョーク：

(126) Teacher: Why is there a maple leaf on our **flag**?
   Canucklehead: Because the whole tree wouldn't fit!    (ibid.: 72)

(先生: なぜ私たちの旗にはカエデの葉っぱがあるのか？
カナダ人: 木全部が入らないから.)

## メタ言語に基づくジョーク:

(127) What sort of ball doesn't bounce? A **snowball**.

(Hershkowitz (2004: 10))

(どのようなボールがバウンドしませんか？ スノーボール (雪だるま).)

(128) What's in the middle of **Alberta**? The letter E. (ibid.: 57)

(アルバータの真ん中にはなにがある？ アルファベットの文字 E がある.)

Alberta のスペルを問題にしたメタ言語の問題.

## カナダの自然・生活に関するジョーク:

(129) Teacher: Why do birds **fly south** for the winter?
Student: Because it's too far to walk. (ibid.: 86)

(先生: なぜ鳥は冬に南のほうに飛んでいきますか？
生徒: 歩いていくには遠すぎるから.)

(130) What is big and white and found in **Vancouver**?
A lost polar bear. (ibid.: 27)

(白と黒でバンクーバーで見つかったものはなにか？
迷い子になった北極熊.)

(131) What is ploughed but never planted? **Snow**. (ibid.: 66)

(スコップで掘り起こせるが，決して植えられないものはなにか？ 雪.)

(132) Why did the rancher **ride** his horse?
Because the horse was too heavy to carry. (ibid.: 4)

(牧場で働く人はなぜ馬に乗りますか？
なぜなら馬は重たすぎて，持ち運びできないから.)

## カナダの歴史に関するジョーク:

(133) Mother: Why aren't you doing very well in **Canadian history**?
Kid: Because the teacher keeps asking about things that hap-

pened before I was born! (ibid.: 77)

(お母さん： なぜカナダの歴史の成績はよくないのかなあ？
　子供： 先生はぼくが生まれる前に起こったできごとを質問し続けるからだよ．)

(134)　Teacher： Who succeeded **Canada's first prime minister**?
　　　　Student： The second one! (ibid.: 84)

(先生： カナダの初代首相のあとはだれが継ぎましたか？
　生徒： 二代目の首相です．)

第 7 章

# ジョークとメタ表示

## 7.1. 定義によるジョークの分析

### 7.1.1. メタ表示でなく，事柄を定義している場合
異常な定義：

(1) **Airport**: A place where people hurry up and wait.
（小林・チータム（2005: 108））
（空港とは人がいそいだり，待ったりするところ．）

(2) **Insurance**: Gambling that you will be lucky enough to have a terrible accident and receive a lot of money (ibid.: 110)
（保険とはひどい事故を起こすと，たくさんのお金を幸運にももらえるギャンブル）

(3) **A toe**—a part of the body for finding furniture in the dark.
（田中（2004: 46））
（爪先とは暗やみで家具をみつけるための身体の一部）

(4) **Motorway**: A special road where there are no traffic lights, pedestrians, or bicycles to get to the way of the traffic jams
（小林・チータム（2005: 110））
（高速道路とは交通渋滞のところに着くまでは信号もなく歩行者もいなくて自転車もない特別な道路）

### 異常な分析（異分析）によるもの：

(5) What's a **kidnap**? A baby that's having a sleep!

(*Trific Jokes* (2002: 30))

(kidnap（誘拐）てなにかなあ．眠っている赤ん坊だよ．)

kidnap を異常な分析（異分析）により kid + nap と異常な定義となっている．

### 頭文字の異常な定義：

(6) A: What do the letter **NASA** stand for?
B: Need Another Seven Astronauts. （小林・チータム (2005: 116)）
(A: NASA の文字は何を表していますか？
B: もう7人の宇宙飛行士が必要．)

スペースシャトルの打ち上げ失敗でなくなった7名の宇宙飛行士との関連で，正式な NASA の定義とはずれた定義となったブラックユーモア．〈Space Shuttle disasters〉ACRONYM．

### アドホック概念形成に関わる定義ジョーク：

(7) **Television** is the opium of the masses. （田中 (2004: 46)）
(テレビとは大衆のアヘンである．)

「大衆のアヘン」から概念がずれて，テレビは一般の人が夢中になるものの意となる．

### 推意による異常な事態：

(8) **Television** is the third parent. (ibid.: 46)
(テレビとは第三の親である．)

推意：両親がいそがしく，テレビに子守りをさせているようすが暗に伝わる．

### 7.1.2. 定義がメタ表示となっている場合

以下の例は答えが文字どおりの意味以外に，質問されている語の意味の定

義になっているので，表意として①②の二つを理解することによりおもしろさが説明可能となる．

(9) A: What's the definition of **repetition**?
　　B: Can you say that again, please?　　（小林・チータム (2005: 111)）
　　(A: repetition（繰り返し）の定義はなんですか？
　　B: すいません，もういちど言ってくれませんか？)

(9B) の表意：
　　表意①： メタ表示 (repetition の定義 = 'Can you say that again? の意')
　　表意②： 文字どおりの解釈 ('Can you say that again?' は「もう一度言ってください」の意)

(10) A: What's the definition of **shy**?
　　B: Are you looking at me? Don't look at me!　　(ibid.: 108)
　　(A: shy（はずかしい）の定義はなんですか？
　　B: 私のほうを見てますか？見ないでください．)

(10B) の表意：
　　① メタ表示 (shy の定義 = Are you looking at me? Don't look at me!)
　　② 文字どおりの表示 (私のほうを見てますか？見ないでくださいの意)

(11) A: What's the definition of **angry**?
　　B: What do you think I am? A dictionary? Check for yourself!
　　　　　　　　　　　　　　　　　　　　　　　　　(ibid.: 111)
　　(A: angry（怒っている）の定義はなんですか？
　　B: 私をいったい誰だと思っているのですか？辞書もってますか？自分で調べたら．)

(11B) の表意：
　　表意①： メタ表示 (angry の定義 = What do you think I am? A dictionary? Check for yourself! の意)
　　表意②： 文字どおりの解釈 (私をいったい誰だと思っているのですか？辞書もってますか？自分で調べたらの意)

第 7 章　ジョークとメタ表示　　　　　　　　　　　133

(12)　Teacher: What's the difference between **ignorance** and **indifference**?
　　　Student: I don't know and I don't care.　　　(田中 (2004: 169))
　　（先生: ignorance (無知) と indifference (無関心) との違いはなんですか？
　　　生徒: 分かりません．どうでもいいです．)

(12) の Student の表意：
　　表意①: メタ表示 (ignorance の定義 = I don't know. Indifference の定義 = I don't care)
　　表意②: 文字どおりの解釈 (分かりません．どうでもいいですの意)

(14)　A: What's the difference between a **nightwatchman** and a **butcher**?
　　　B: I don't know.
　　　A: One stays awake and the other weighs a steak.
　　(A: 夜警警備員と肉屋の違いはなにか？
　　　B: 分かりません
　　　A: 一方は目が覚めたままで (stays awake), 他方はステーキの目方を計る (weighs a steak).)

## 7.2.　メタ表示

### 7.2.1.　メタ表示と類似性：文字あるいはスペルの類似性に基づくジョーク

(15)　What two letters of the alphabet contain **nothing**?　MT.
　　　　　　　　　　　　　　　　　　　　　　　　(Spector (1992: 21))
　　（なにも含まないことを示すアルファベット 2 文字はなんですか．エムとティです．)

empty と MT との発音の類似性を用いている．

(16)　What letter asks too **many questions**?　Y!　　(Keller (2007: 31))
　　（どのレターがとても多くの質問をしますか？ Y.）

why と発音が似ているから．

(17) "What kind of tea does a footballer dislike?" "A **penal tea**."

(PG, p. 1562)

(「サッカー選手が嫌いなお茶は？」「罰茶」)

penal tea と penalty「罰」とのしゃれ．

(18) What pet makes the loudest noise?　A **trumpet**.　(Yoe (2001: 295))

(どのペットが一番大きな声をだしますか？ トランペット．)

trumpet のスペルに pet が含まれているから．

(19) Which boat is the smartest?
The **scholar ship**!　　　　　　　　　　(Keller (2007: 193))

(どのボート（ふね）がもっとも賢いですか？
　スカラー・シップ（奨学金）．)

scholar + ship と分析している．

(20) What side of a house gets the most rain?　The **outside**.

(Yoe (2001: 322))

(家のどちら側がもっとも雨が降りますか？ 外側．)

out + side と分析している．

(21) Teacher: What kind of key opens a banana?
　　 Pupil: That's a trick question. You don't need a key to open a banana.
　　 Teacher: Wrong. The answer is a **monkey**.　(Howell (2003: 32))

(先生： どんなキーでバナナをむくの？
 生徒： これはひっかけ問題だぞ．バナナをむくのにキーは必要ないから．
 先生： それは間違いだよ．答えはマンキー（monkey お猿さん）です．)

monkey のスペルに (mon + key) と分析，key が含まれるから．

## 第7章　ジョークとメタ表示

> **コラム 23**
>
> (i)　虎でもないのに「オーケストラ（虎）」とはこれいかに　猿でもないのに
> 　　「リハーサル（猿）」というが如し　　　　　　　　　　　（結城 (2002: 16)）
> (ii)　虫歯の人がいない州は？ 答え：「ハワイ州」
> 　　［「歯は, いー」州］　　　　　　　　　　　　　　　　　　　　（ibid.: 97）
> (iii)　食えないパンフライパン
> 　　時間をしめさない時計ほっとけい
> 　　渡れない橋割り箸
> 　　［パンとフライパン, 時計とほっとけい, 橋と箸の類似］　　　（ibid.: 119）

(22)　What's the difference between **here and there**?
　　　The letter "T"!　　　　　　　　　　　　　　　　　（Yoe (2001: 29)）
　　　(here と there (こことそこ) の違いはなんですか？
　　　　文字の T (があるかないか).)

here, there の具体的な場所ではなく, メタ言語的に, スペルの違いになるところにとんちが必要となる.

(23)　What always ends night?　T!　　　　　　　　（Keller (2007: 54)）
　　　(いつも, 夜 (night) で終わるものはなんですか？ (スペリング) T.)
(24)　Why do you need glasses when spelling **Mississippi**?
　　　You need four I's.　　　　　　　　　　　　　　　（Yoe (2001: 148)）
　　　(ミシシッピー (Mississippi) のスペルを書くのになぜ眼鏡がいりますか？
　　　　四つの I が必要だから.)

four eyes は四つ目で眼鏡をかけることを暗に指す.

(25)　"What do you call a fish with **no eyes**!"　"A fsh"　　（PG, p. 1758）
　　　(「目がない魚を何と呼ぶ？」「フシュ」)

eye とスペル i とのしゃれ. スペルで i (＝eye) がないと fsh となる.

(26)　"What is the longest word in the English language?"　"**Smiles**—because there's a mile between the first and the second letter."

(PG, p. 1441)

(「英語でいちばん長い単語は何？」「smiles です．最初の文字と最後の文字の間に1マイルあるから」)

smiles のスペルで真中に mile があるから．

(27)　"Which fish signs autographs?"　"A **starfish**."　　　(PG, p. 1489)
(「サインするのはどんな魚？」「ヒトデ」)

starfish「ヒトデ」と star fish「スターの魚」の音の類似性．日本語のヒトデはひとの手に見立て，英語の starfish は star に見立てている．

(28)　Why is the letter "A" like a flower?　Because a **"B"** comes after it!

(Yoe (2001: 142))

(なぜ文字 A は花に似ているのか？　なぜなら，B があとに来るから．)

B = bee（ミツバチ）が後を追いかけてくるから．

(29)　Kid:　I had trouble with **diarrhea** at school today.
　　　Mother:　That's terrible!　I didn't know you were ill.
　　　Kid:　I wasn't, I just couldn't spell it.　　　(Howell (2003: 10))
　　　(子供：　ぼくは今日学校で diarrhea（下痢）で困った．
　　　お母さん：　それはひどいね．病気だとは知らなかった．
　　　子供：　病気じゃないよ．ただ，スペルが書けなかっただけ．)

diarrhea「下痢」で困ったの意が通例は病気で困るが，ここの落ちではそのスペルがむずかしいとなるところがおもしろい．

(30)　Where does Sunday come after Monday?
　　　In the **dictionary**.　　　(Yoe (2001: 28))
　　　(Sunday（日曜日）が Monday（月曜日）の後に来るのはどこですか？
　　　辞書の中です．)

通常の世界では月曜は日曜の後に来るが，辞書の世界では両者の順序が逆転

している．メタ言語的世界の理解が現実世界以外に必要となる．

(31) When does seven come before six? In the **dictionary**.
$\hfill$ (Keller (2007: 110))

(7が6よりはやく来るところはどこ？ 辞書の中.)

現実世界では6の次に7がくるが，辞書のなかでは seven, six と順序が逆転している．

(32) What two things can you not eat for **breakfast**?
Lunch and dinner! $\hfill$ (Yoe (2001: 55))
(朝ご飯 (breakfast) に食べられない二つのものはなんですか？
 lunch (昼ご飯) と dinner (晩ご飯) です.)

朝ご飯の中身で食べられないものを聞き手は現実世界で探すが，実は，メタ言語的世界で lunch, dinner は食事の語彙で朝ご飯以外なので，それらを選ぶことになる．

(33) Which city gives you lots of shocks? **Electricity**.
$\hfill$ (*Trific Jokes* (2002: 31))
(どの city (都市) がたくさんショックを与えていますか？ Electricity (電気).)

electricity のスペルに city が含まれているから．

(34) In many marriages there have been three rings: an engagement ring, a wedding ring—and **suffering**. $\hfill$ (丸山 (2002: 133))
(多くの結婚には三つのリングがある．エンゲージリング（婚約指輪），ウェディングリング（結婚指輪），とサファーリング（苦しみ）です.)

suffering（苦しみ）も ring をスペルに含んでいるため．三つの ring の最後の例をメタ言語的に suffer-ring に分析しているところにおもしろさの原因がある．

(35) How come you broke up with your girlfriend? She started using **four-letter words**. Like what? Like "Find some work."
$\hfill$ (Keller (2003: 62))

(どうしてガールフレンドと別れたの？ 彼女が4文字語を使い始めたから．どのような語を使ったの？ find と some と work という語だよ．)

聞き手はメタ言語の情報として four-letter word (4文字語) は ① fuck, shit などひわいな語を使用したの意に解釈し，下品だから彼女と別れたと聞き手ははじめ理解するが，落ちでは find, some, work の4文字語の意は「何か仕事見つけなさい！」という意で，仕事をしないでぶらぶらしていたのをしかられたので別れたというどんでん返しとなっておもしろくなっている．

(36) I start with the letter "E", and I end with the letter "E". I contain only one letter, but I am not the letter "E"! What am I?
Answer: I am an **envelope**.　　　　　　　　(Kim (2002: 57))
(私はEの文字で始まり，Eの文字で終わります．私には一つだけレター（手紙）が入りますが，レター（文字）Eではありません．私はだれでしょう．
答え： envelope（＝封筒）です．)

I contain only one letter, but I am not the letter "E" の letter の意を「アルファベットの文字」の意と取るか「手紙」の意と取るかでなぞなぞ理解のカギとなっている．

(37) What starts with e and has only one letter in it?
**Envelope!**　　　　　　　　　　　　　　(Keller (2007: 28))
（Eで始まり，その中にたった一つの〈レター〉しか入らないものはなあに？
Envelope（＝封筒）．)

### 7.2.2. 不規則な形態論，異常なスペルに基づくジョーク

(38) What do you call a polar bear with no socks on? **Bear-foot**.
　　　　　　　　　　　　　　　　　　　　(Hershkowitz (2004: 30))
（ソックスをはいていないホッキョクグマをなんと呼びますか？ はだしの熊．)

barefoot「はだし」の意と bear＋foot との音と形式の類似性．

(39) Where do farmers in the north keep their hogs? In **pigloos**!
　　　　　　　　　　　　　　　　　　　　　　　　(ibid.: 2)

(北国の農夫はどこで豚を飼うか？ ピグルーで.)

igloo, pig + loo との音の類似性.

### 7.2.3. スプーナリズム (SPOONERISM)

(40) What's the difference between Shrek and a bowl of carrots?
One is a **funny beast** and the other is a **bunny feast**.

(Dunn (2007: 94))

(シュレックとボールいっぱいのニンジンとの違いはなんですか？
一方は奇妙な野獣 (funny beast) で，もう一方はうさぎのごちそう (bunny feast) です.)

funny beast, bunny feast との語頭の音の位置の入れ替えによる類似性.

(41) What's the difference between a sailor and a jeweler?
One **watches the sea** and the other **sees the watches**.

(Keller (2007: 131))

(船員と宝石商との違いはなにか？
前者は海をじっとみて，後者は時計を見ている.)

watches the sea, see the watches との語頭の音の位置の入れ替えによる類似性.

(42) What's the difference between a crazy rabbit and fake money?
One's a **mad bunny,** one's **bad money**.

(*Trific Jokes* (2002: 139))

(気の狂ったウサギとにせ金との違いはなにか？
一方は狂ったウサギで，一方は悪いお金です.)

### 7.2.4. スペルと想定（知識）との関係に基づくジョーク

(43) Why is the letter I like Rome? Because both are **capitals**.

(Kim (2002: 50))

(スペルIがどうしてローマに似ていますか？ 両方ともキャピタルだから.)

capital には文字とのリンクでは大文字の意があり，都市ローマとのリンクでは首都の意があり，両者の理解によりジョークが理解できる．

### 7.2.5. 異常なイディオム解釈に基づくジョーク

(44)　Teacher:　What do we know about **a bird in the hand**, class?
　　　　Pupil:　That it's **worth two in the bush**?
　　　　Teacher:　Well, I'd say it makes it hard to blow your nose.
(Howell (2003: 33))

　　（先生：　a bird in the hand（手の中にいる一羽の小鳥）についてなにか知っていますか？
　　　生徒：　藪の中の2羽に値するでしょう（worth two in the bush）?
　　　先生：　いやいや，鼻をかみにくいでしょ（hard to blow your nose）.）

A bird in the hand is worth two in the bush が通例のリンクで，手の中の1羽の小鳥は藪の中の2羽に値するの意である．ところが，このジョークでは先生は文字どおり，手の中に小鳥が1羽いると，鼻がかみにくいという文字どおりのリンクを落ちとしている．

### 7.2.6. パロディー：統語的類似性に基づくジョーク

(45)　Ring, ring!　It's Toby!
　　　Toby who?
　　　**Toby or not Toby that is the question**!　　(*Trific Jokes* (2002: 22))
　　（リン，リン，こちらトビーです．
　　　どのトビーですか？
　　　トビーかトビーでないかが問題です．）

最後の行の落ちが To be or not to be that is the question の統語構造の類似性によるジョーク．

## 7.3.　The Two Ronnies: The Four Candles の笑いの分析

BBC のコメディーである The Two Ronnies（二人のローニー）は 1976 年

に初めて放映され，その中の The Four Candles（4本のローソク）は，もともと The Hardware Shop（金物屋）というタイトルであった．金物屋で働く Ronnie Corbett（ロニー・コルベット）は店の店主で，客の Ronnie Barker（ロニー・バーカー）が欲しいと言って頼むものを店主がことごとく誤解することで，いらいらがつのっていくという場面である（http://en.wikipedia.org/wiki/Four_Candles）．

(46) では，金物屋の店主（Corbett）が買い物リストをもっている客（Barker）と対立する．客は "four candles"（4本のローソク）のように聞こえるものを注文する．店主は4本のローソクを取り出すが，客は自分の欲しいものを繰り返すのみで，店主は困惑する．客は言い換えて，実際に欲しいものは "Andles for forks."（フォーク用の取っ手（handles for forks）[handles の h 音が脱落した発音に注意] といって，"four candles"（4本のローソク）と "fork handles"（フォーク用の取っ手）の音の類似性を用いて笑いを誘っている．

(46)　(Ronnie Barker enters the shop.)
　　　BARKER: **Four Candles**!
　　　CORBETT: Four Candles?
　　　BARKER: Four Candles.
　　　(Ronnie Corbett makes for a box, and gets out four candles. He places them on the counter.)
　　　BARKER: No, four candles!
　　　CORBETT (confused): Well there you are, four candles!
　　　BARKER: No, fork 'andles!' Andles for forks!
　　　(Ronnie Corbett puts the candles away, and goes to get a fork handle. He places it on the counter.)
　　　CORBETT (muttering): Fork handles. Thought you said 'four candles!'
　　　((ロニー・バーカーが店に入ってくる．)
　　　　バーカー: 4本のろうそく！
　　　　コルベット: 4本のろうそく？
　　　　バーカー: 4本のろうそく．
　　　　(ロニー・バーカーは箱のほうに進んで，4本のろうそくを取り出し，カウ

ンターにそれを置く.)

コルベット (当惑して): ええっと, ほら, 4本のローソクです.

バーカー: 違います. フォークのハンドル, フォーク用のハンドルです.

(ロニー・バーカーはろうそくを片づけて, フォークの取っ手を取りに行く. それをカウンターに置く.)

コルベット (ぶつぶつ言いながら): フォークの取っ手. あなたは「4本のローソク」と言ったと思うんだけど.)

(47) では, 客のバーカーが plugs (差し込み) を注文するが, 同じような間違いを避けるために, 店主は "a rubber one, bathroom" (ゴムのか, お風呂用のせん) かと聞く. お風呂用のせん (bath plugs) が欲しいと思い, 店主は箱からそれを取り出し, 大きさを聞く. すると客は "thirteen amp" (13アンペア) というので, 電気用のプラグ (insulated electric plugs) を欲しがっていると分かる. この例では "plug" の語義があいまい性除去され, "an electric plug" (電気用のプラグ) の意であり, "a bath plug" (風呂用のせん) ではないということが分かるので, 発話による言語表現をさらに分かりやすく, すなわち語用論的に意味を豊かにすることで, 笑いとなっていることが分かる.

(47) BARKER: Got any **plugs**?
CORBETT: Plugs. What kind of plugs?
BARKER: A rubber one, bathroom.
(Ronnie Corbett gets out a box of bath plugs, and places it on the counter.)
CORBETT (pulling out two different sized plugs): What size?
BARKER: Thirteen amp!
CORBETT (muttering): It's electric bathroom plugs, we call them, in the trade. Electric bathroom plugs!
(He puts the box away, gets out another box, and places on the counter an electric plug, then puts the box away.)
(バーカー: なにかプラグありますか?
 コルベット: プラグですか. どんな種類の?
 バーカー: ゴムのやつで, 風呂用.

第 7 章　ジョークとメタ表示

(ローニー・コルベットが風呂用のせんをボックスから取り出し，それをカウンターに置く．)

コルベット（異なる大きさのプラグを取り出しながら）： 大きさはどんなものですか？

バーカー： 13 アンペアです．

コルベット（ぶつぶつ言いながら）： それって電気の風呂用のプラグでしょ．電気の風呂用のプラグ．

(彼はそのボックスを片づけて，別のボックスを取り出し，電気のプラグを一つカウンターに置いて，ボックスを片づける．)

(48) では，客のバーカーは "o's" を頼むが，店主はこの依頼に一番悩まされる．店主は a hoe (くわ), hose (靴下), と pantyhose (パンスト) をまず取り出し，客は欲しがっているものは実は庭のゲートに使用する文字 O だと分かり，文字の O ("the garden gate letter "O") を取り出して渡す．これはメタ言語的な理解が必要であり，店主にはその能力が求められている．

(48)　BARKER： **'O's**!
　　　CORBETT： 'O's?
　　　BARKER： 'O's.
　　　(He goes to get a hoe, and places it on the counter.)
　　　BARKER： No, 'O's!
　　　CORBETT： 'O's! I thought you said 'O'! (He takes the hose back, and gets a hose, whilst muttering.)　When you said 'O's, I thought you said 'O'! 'O's!
　　　(He places the hose onto the counter.)
　　　BARKER： No, 'O's!
　　　CORBETT (confused for a moment)： O's? Oh, you mean panty 'o's, panty 'o's!　(He picks up a pair of tights from beside him.)
　　　BARKER： No, no, 'O's! 'O's for the gate. 'O's! Letter O's!
　　　CORBETT (finally realising)： Letter O's! (muttering) You had me going there!
　　　(He climbs up a stepladder, gets a box down, puts the ladder away, and takes the box to the counter, and searches through it for letter

O's.)
CORBETT: How many d'you want?
BARKER: Two.
(Ronnie Corbett leaves two letter O's on the counter, then takes the box back, gets the ladder out again, puts the box away, climbs down the ladder, and puts the ladder away, then returns to the counter.)

（バーカー： O ありますか？

　コルベット： O ですか？

　バーカー： O です．

（彼は hoe（くわ）を取ってきて，それをカウンターに置く．）

　バーカー： いいえ，違います．O です．

　コルベット： O です．あなたが O と言ったと思った．（彼は hose（靴下）を取りに戻り，ぶつぶつ言いながら，靴下を取り出す．）

（お客さんが O と言った時，O と言ったと思った．（彼は靴下をカウンターの上に置く．）

　バーカー： いいえ，O です．

　コルベット（一瞬混乱して）： O ですか？ お客さんは pantyhose（パンスト）のことをおっしゃっているんですか．（彼はそばにあるタイツを一足取り出す．）

　バーカー： いいえ，違います．ゲートに使う O です．文字の O です．

　コルベット（ついに分かって）： 文字の O．（ぶつぶつ言いながら）私にこんなところまで行かせるのかね．

（はしごをのぼって，ボックスを取って，はしごを片づけ，箱をカウンターの上に置いて，そのなかの文字 O を探します．）

　コルベット： いくついりますか？

　バーカー： 二つお願いします．

（ローニー・コルベットはカウンターに二つの文字 O を残して，ボックスを片づけ，はしごを取り出し，ボックスをしまって，はしごを降りて，はしごを片づけて，カウンターに戻ってくる．））

(49) では "peas" が欲しいと言われた店主は庭の門用の文字の P と最初

理解するが，客は tins of peas（豆カン）というので，店主はメタ言語的理解ではなく，"tins of peas" と理解するに至る．

(49) BARKER: Got any **P's**?
CORBETT: For Gawd' sake, why didn' you bleedin' tell me that while I was up there then? I'm up and down the shop already, it's up and down the bleedin' shop all the time. (He gets the ladder out, climbs up and gets the box of letters down, then puts the ladder away.) How many d'you want?
BARKER: No! Tins of peas. Three tins of peas!
CORBETT: You're 'avin' me on, ain't ya, yer 'avin' me on?
BARKER: I'm not!
(Ronnie Corbett dumps the box under the counter, and gets three tins of peas.)
(バーカー: P はなにかありますか？
　コルベット: お願いだから，おれがあそこに上っている間になぜいってくれないんだ．店の中をあがったり，さがったりで，たいへんだよ．（彼ははじごを取り出し，文字の入ったボックスを取り出して，はしごを片づける．）いくついるんですか？
　バーカー: 違います．tins of peas（豆カン）で三つ要ります．
　コルベット: お客さんはぼくのことをからかっているんでしょ．
　バーカー: そんなことはしていません．
　（ローニー・コルベットはカウンターの下にボックスを置いて，三つの豆カンを取り出した．））

(50) では，"pumps" が欲しいというので，店主はなにが欲しいのかもっとはっきり言えという．客は "foot pumps" が欲しいという．それで，店主は a pneumatic pump（空気入れ）をもってくる．客は "brown pumps size nine"（サイズ 9 の茶色の靴）というので，この時点で，金物屋は理解する．

(50) BARKER: Got any **pumps**?
CORBETT: 'And pumps, foot pumps? Come on!
BARKER: Foot pumps!

CORBETT (muttering): Foot pumps. See a foot pump? (He sees one, and picks it up.)

(He puts the pump down on the counter.)

BARKER: No, pumps fer ya feet! Brown pump, size nine!

CORBETT: You are 'avin' me on, you are definitely 'avin' me on!

BARKER: I'm not!

CORBETT: You are 'avin' me on! (He takes back the pump, and gets a pair of brown foot pumps out of a drawer, and places them on the counter.)

(バーカー: なにかパンプスはありますか？

コルベット: パンプスか，空気入れ (foot pumps) かよ？

バーカー: フット　パンプスです．

コルベット（ぶつぶつ言いながら）：空気入れか．空気入れを見てこよう．

（一つ見つけて，もってくる．）

（空気入れをカウンターに置く．）

バーカー: 違います．足のためのパンプスです．茶色のパンプスで，サイズ9です．

コルベット: お客さん，本当に私をからかっているんでしょ．

バーカー: そんなことしてません．

コルベット: からかってるよ．（空気入れを戻して，茶色のパンプス靴をとって，それはカウンターに置く．））

(51) では，客がwashersが欲しいというので，店主はdishwasher, floor washer, car washerなどの種類を聞く．いらいらした店主は助けを求めて，助手（Mr. Jones）が客のもとめはbillhooks（えの長いのこぎり）と分かるが，店主はその買い物リストを読み間違えてPillocksと読む．それはイギリス英語では"very stupid persons"（とてもばかな人）を意味するという落ちとなっている．これは書かれた文字のスペルの類似性の間違いである．

(51) BARKER: **Washers**!

CORBETT: What, dishwashers, floor washers, car washers, windscreen washers, back scrubbers, lavatory cleaners? Floor washers?

BARKER: 'Alf inch washers!
CORBETT: Oh, tap washers, tap washers? Give us that list. (reading through the list) What's this? What's that? (calling through to the back) Mr. Jones! You come out and serve this customer please.
JONES: Right! How many would ya like? One or two?

(バーカー： ウォッシャーお願いします．
　コルベット： 皿洗い器，床磨き，車洗い，フロントガラス洗い，背中洗い，トイレクリーナー，床磨きですか？
　バーカー： アルフィンチ・ウォッシャー．
　コルベット： ああ，水道蛇口磨き？ その買い物リストみせてくれますか？ （買い物リストを見ながら）これはなんですか？（後ろのほうにいるものを呼んで）ジョーンズ．出てきて，このお客さん頼む．
　ジョーンズ： かしこりました．いくつ必要ですか？ 一つですか二つですか？）

## 7.4. ジョークと指示付与の分析

　ジョークの指示付与の分析に入る前にここでは代名詞，定冠詞を説明する方法として，関連性理論（relevance theory）に基づく分析がその他の分析，たとえば，首尾一貫性（coherence）や機能主義（functionalism）に基づく分析よりすぐれていることをまず，実例をあげてみてみよう．

(52) John gave up cricket. He lost his bat.
　　　（ジョンはクリケットをやめた．バットを失ったから．）

### 首尾一貫性（Coherence）に基づく分析

　聞き手は先行談話（prior discourse）と首尾一貫した解釈をさがすと仮定する．首尾一貫性の関係とは，たとえば，原因—結果の関係など．上例では John gave up cricket. は結果を述べ，He lost his bat. はその原因を述べて，その順序が首尾一貫性の原理に基づくというような説明となる．クリケットがあるので bat は「コウモリ」の意でなく，「バット」の意となることも首尾

一貫性に関わる．(参考：Halliday and Hasan (1976: 4) による cohesion という考え方も，テキスト内に存在する関係をさして，意味論による分析である.)

あるディスコースにある要素の解釈が別の要素に依存するときに cohesion が生じると定義しているので，次の実例 (53) の分析には首尾一貫性と同じく問題が生じる．次は Diane Blakemore (2002) のあげた例で，この首尾一貫性では説明できないとしたものである．

(53) Peter: What did Susan say?
（ピーター：スーザンは何て言ったの？）
Mary: You've dropped your wallet.
（メアリー：あなた財布落としたわよ．）

実例 (53) のメアリーの発話は首尾一貫性の理論による分析では先行発話（スーザンは何て言ったの？）の答えとしてのみ解釈することになる．すわなち，解釈①：メアリーの発話は「スーザンはあなた財布落としたよと言った」と理解することになる．

ところが，このメアリーの発話は，とっさに，財布をおとしてそのことに注意を向けるという場合には次のようになる．解釈②：メアリーの発話：「あなた (=ピーター) 財布落としたわよ」となり，スーザンの言ったこととは関連しなくて，いま，一番必要な情報となる．首尾一貫性ではなく，後者は関連性理論に基づく次のような分析で説明がつく．

**関連性理論に基づく分析：**
聞き手は最良の関連性のある解釈を求めていると仮定する．(Wilson (1994))

もうすこし詳しく考えると，聞き手は「あなた財布落としたわよ」という発話を理解するときに関連性理論ではコンテクスト（ある考え）を頭の中に選択して，
想定①：もしも，財布を落としたら，電車に乗れない．
想定②：もしも，財布を落としたら，今月の家賃の支払いに困る．
想定③：もしも，財布を落としたら，カード類や身分証明書などすべて再発行してもらわないといけない．

などの想定をコンテクストとして選び出して，聞き手はたちどころに，言語表現「財布を落とした」（表意）と想定 ① で推意「電車に乗れない」とかのコンテクスト効果を計算できれば，関連性のある情報となる．いま，必要な情報ということになる．スーザンの言った内容ではないが，いま，コミュニケーションの中で聞き手の側から，関連性のある発話となっているのである．なにもコンテクスト効果が計算できないと，関連性はゼロであるが，この場合には何らかの言いたいこと「電車に乗れない」などが計算されるので関連性はある．

　要するに，首尾一貫性も cohesion も表現された言語的ユニット（すなわち，発話，テキストの一部など）の間の関係として定義される．一方，関連性理論での関連性とはある心的表現（命題）とある心的表現（命題）の間の関係として定義されていることになる．命題（Propositions）とは，心的表示であり，推論はこの表示に関して行われる心的計算である．

　このような関連性理論からの指示付与の説明のほうが，従来の機能主義言語学や首尾一貫性理論から，固定した二つの言語表現をつなぐような説明より，もっと自由にコミュニケーション，特にジョークなどのおもしろさを説明する理論として有望であると思われるので，以下でジョークの具体例を見ていく．

---

コラム 23

(i) **Reboul** (1997: 91) は語用論が，文法に組み込まれる必要があると次のように述べている：
one of the major tenet of Functional Grammar, that is the thesis that Pragmatics, which deals with the use of language, should be integrated in Grammar. This, in my opinion, neglects the fact that the use of language cannot be entirely dealt with at the level of the sentence and ignores the problems of the relations between language and reality, which, obviously, cannot be a matter of grammar. This is especially true of referring expressions, which are the subject of Accessibility

Theory.

(ii) **Nuyts**（1992: 65）では機能主義は次のように特徴づけている：
functionalism can be characterized as the methodology making use of functional explanation as a basic research strategy

(iii) **Halliday and Hasan**（1976: 4）では cohesion を次のように定義している：
The concept of cohesion is a semantic one; it refers to meaning that exists within the text, and that defines it as a text.

(iv) Halliday and Hasan（1976: 37）では指示を三つのタイプに分けている：
There are three types of reference: personal, demonstrative, and comparative. Personal reference is reference by means of function in the speech situation, through the category of person.

(v) Halliday（1994: 296, 298）では情報は新情報，旧情報と分類している：
Information, in this technical grammatical sense, is the tension between what is already known or predictable and what is new or unpredictable. Information that is presented by the speaker as recoverable (Given) or not recoverable (New) to the listener.
Halliday（1994: 299）What is treated as recoverable may be so because it has been mentioned before; the Given is what you, the listener, already know about or have accessible to you.

(vi) **Givón**（1995: 364）では coherence のメカニズムを次のように述べている：
text coherence as a mental process—vocabulary-guided vs. grammar-cued coherence, and local vs. global coherence
Givón（1995: 376）Referential coherence, Grammar without lexical cuing (continuing reference)

(vii) Halliday and Hasan（1976: 57）
Demonstrative reference is essentially a form of verbal pointing.
the—neutral

(viii) Halliday（1994: 309）では英語で四つの方法で cohesion がつくられているという：
There are four ways by which cohesion is created in English: by reference, ellipsis, conjunction, and lexical organization.

(ix) Halliday（1994: 314）では指示（Reference）を次のように定義してい

る：
　　A participant or cirucumstantial element introduced at one place in the text can be taken at a reference point for something that follows.
　　Like the personals, and the other demonstratives, *the* has a specifying function; it signals 'you know which one(s) I mean'.
(x)　Givón (1995: 376) では指示の首尾一貫性 (Referential Coherence) を次のように述べている：
　　Grammar combined with lexical cuing (teminated reference):
　　Definite noun:
　　... They went in together.　The woman stopped, but the man kept going. ...

### 7.4.1. 関連性理論による指示付与（論理形式を語用論的に豊かにすること）

　以下の二つの引用は関連性理論による代名詞などの指示付与はどのように行われるかを述べているものである．

　Reboul (1998) では，論理形式を豊かにすることが，たとえば代名詞は記号化している情報がXであり，それを具体的にどの人，ものになるかは語用論が関わるという主張である：

> As Sperber and Wilson (1986/1995) pointed out, linguistic communication is underdetermined and the logical form of an utterance may be less than completely propositional.　Indeed, it is one originality of relevance to have shown that pragmatics has a role to play in the specification of truth conditions, through the enrichment of logical form. Enrichment of logical form has to do with quite a number of things, among them reference assignment, i.e. the attribution of referents to referential expressions.

　Bezuidenhout (1997) も同じように発話の論理形式，指示表現 (indexical)，定記述 (definite description) は語用論的に豊かにされるということを次のように述べている：

the recovery of the content of an utterance involves pragmatic processes of enrichment of a representation of the logical form of the utterance.　According to the account I offer, the first-level descriptive meaning associated with an expression (whether this is an indexical or a definite description) is pragmatically enriched and then used either to track an individual in the context, or is taken to lay down a condition of satisfaction for an individual.　The proposition that the listener takes the speaker to have expressed is recovered on the basis of considerations of relevance and contextually available information about the speaker's directive intentions.

## 7.4.2.　代名詞の指示付与をめぐって
**IT の指示付与：**

(54)　FATHER：Where's today's newspaper?
　　　SON：I threw it out with the garbage.
　　　FATHER：I wanted to see **it**.
　　　SON：There wasn't much to see.　Some chicken bones, a banana peel and some coffee grounds.　　　(Keller (2003: 26))
　　　（父親：　今日の新聞はどこかなあ？
　　　　息子：　ゴミと一緒にすてたよ．
　　　　父親：　（それ）見たかったのに．
　　　　息子：　見る値打ちはないよ．トリの骨とバナナの皮とコーヒー豆のかすだよ．）

父親は see it の it（＝論理形式では変数 X）を先行する言語表現の today's newspaper「今日の新聞」の意を指すと論理形式（X）を豊かにするのが通常の指示付与（X = today's newspaper）である．ところがこの息子は同じく先行する言語表現の garbage「ゴミ」の意をこの it の指示付与と理解する（X = garbage）ので，代名詞 it が指し示すものについて両者の理解がずれるところからジョークの笑いが生じる．
　なお，従来の首尾一貫性とか機能主義理論による説明では代名詞と先行詞との関係を静的に，固定的にととらえるので，このような指示付与のゆれは

うまく説明できないと思われる．たとえば，see it の it = today's newspaper と固定して理解することになり，パンチラインにある息子の「見る値打ちはないよ．トリの骨とバナナの皮とコーヒー豆のかすだよ」となるのは，うまくいかない．see it の it = garbage と再解釈しなおすという措置がどのように首尾一貫性でできるかが問題となる．関連性理論では緩やかに指示付与をとらえ，語用論により，指示付与をするので，お父さんの理解と息子の理解の言葉理解ずれによる指示付与のずれも扱え，おもしろさを説明できる．

**IT の指示付与＋メタ言語的理解の場合：**

(55) A: 'Constantinople' is a very long word. Can you spell **it**?
　　　B: Er, C. O. N. S. T. A. N. T. I. N. O. P. L. E?
　　　A: Wrong! I. T.　　　　　　　　　　(小林・チータム (2005: 126))
　　　(A:「コンスタンチノープル」は長い単語です．それ (it) をスペリングで書けますか？
　　　B: えっと，C-O-N-S-T-A-N-T-I-N-O-P-L-E ですか？
　　　A: 違います．I-T です．)

Can you spell it? の it (＝論理形式 X) を B は通常のディスコースから先行する言語表現 Constantinople という都市名を指すと理解する．ところが，このような首尾一貫性に基づく理解ではなく，文字どおりの it のスペルを指す理解をすることを求めている．それゆえ，前者は X = Constantinople と指示付与をするが，答えは it = it のスペルそのものを聞いていることになる．両者の it の解釈にずれが生じることからおもしろくなっている．後者はスペルを問題とするので，言語に関するメタ言語的使用の例である．

> In (55), the hearer of this riddle tends to think of an actual world and the reference "I" should be the speaker, but in order to answer this riddle, the hearer goes into the metarepresentation world, that is the spelling problem.

**代名詞 I の指示付与：**

(56) **I** live above a star, but do not burn. **I** have 11 friends around

me. My initials are PRS.
What am I?
Answer: I am the number 7 on a touch-tone telephone.

(Kim (2002：56))

(私は星の上に住んでいるが，燃えたりしません．まわりに11人の友だちがいます．私のイニシャルはPRSです．

私はだれでしょう？

答え： 私はプッシュボタン式電話の7の数字です．)

(56) では，代名詞I（＝論理形式X）は人ではなく，なにかものを指している．"star" は通例は「星」を指すが，(56) では電話の文字盤にある星印 (a star shape or star symbol on the telephone) を指していると理解する．"friends" は通例は「友だち」を指すが，この例では7の電話番号のまわりにある数字 (the telephone numbers which surround the phone number 7) を指していると理解する必要がある．"star" と "friends" と代名詞 "I" と電話番号の文字盤の情報の理解がないと，このなぞなぞの理解は難しいと思われる．

**代名詞I＋メタ言語的理解の場合：**

(57) I start with the letter "E", and I end with the letter "E". I contain only one letter, but I am not the letter "E"! What am I?
Answer: I am an **envelope**. (ibid.：57)

(私は文字eで始まり，文字eで終わります．たった一つのletterしか入りませんが，文字eではありません．私はだれでしょう．)

答え： 封筒 (envelope).)

(57) では代名詞I（＝論理形式X）は人ではなく，スペル，単語を指していると理解する．スペルEで始まる単語で，スペルEで終わる単語．一つだけletterが入る．letterは文字という意の理解以外に，ここでは「手紙」の意と理解することが必要である．それで，封筒を意味する単語envelopeが正解として，すわなち，X＝envelopeと指示付与が行われると，正解となる．

**疑問代名詞 WHO の指示付与：**

(58)　TEACHER:　George, go to the map and find North America.
　　　GEORGE:　Here it is!
　　　TEACHER:　Correct. Now, class, **who discovered America**?
　　　CLASS:　George!　　　　　　　　　　　　(*E-Tales 2*, p. 184)
　　　（先生： ジョージ，地図のところにいって，北アメリカを見つけなさい．
　　　ジョージ： ここです．
　　　先生： 正解です．それでは，みんな，だれがアメリカを発見しましたか？
　　　クラスのみんな： ジョージだよ．）

疑問代名詞 who（＝X）は通常の想定を用いると，アメリカを発見したのはコロンブスという知識があるので，X＝Columbus となるが，ここではその指示付与とはずれて，ここで地図上にアメリカを見つけたジョージ，すなわち X＝George となり，通常の想定とのずれにより，異常な指示付与によるおもしろさとなっている．

(59)　Who succeeded the first president?　**The second one**.
　　　　　　　　　　　　　　　　　　　　　　　(Keller (2007: 16))
　　　（初代大統領のあとをついだのだあれ．2 代目大統領．）

Who（＝X）はアメリカの初代大統領をついだとあるので，2 代目大統領を通例は想定から見つけて X＝John Adams と指示付与をするが，ここでは，ずれて，あとをついだのは X＝the second president と具体的な名前をださないところが落ちとなっている．

(60)　Who marries every Sunday and still lives alone?　The **Priest**!
　　　　　　　　　　　　　　　　　　　　　　　(ibid.: 126)
　　　（毎週日曜日に人を結婚させて，いまなお，独身の人はだあれ？ 牧師．）

Who（＝X）は通例の想定では，毎週日曜日に結婚させて，それでも独身という矛盾するような質問に X＝? というのが反応であるが，ここでは落ちでは X＝The priest と牧師は人の結婚はさせるが，自分は独身という知識と合致することになる．

**疑問代名詞 WHAT の指示付与：**

(61) What has two hands but can't clap?　A **watch**!

(Keller (2007: 29))

（二つのハンドがあるが，拍手できないものなあに？　腕時計．）

What（＝X）は手が2本あるが，拍手できないとあるので，通常の世界ではX＝？となり，なかなか正解がみつからないが，X＝A watch となり，watch（＝腕時計）には短針と長針があり，hands と呼ばれるという知識から正解となる．

(62) What is the least heavy place to live?　The **lighthouse**!

(ibid.: 32)

（住むのにもっとも重くない場所はどこか？　ライトハウス（＝灯台）．）

What（＝X）は住むのにもっとも重くない場とあるので，X＝？どこかなあと聞き手は思うが，X＝The light house は複合語としては「灯台」の意であるが，ここでは文字どおりに解釈して light には軽いの意があるから軽い家の意となり，正解となる．

(63) What's the difference between one yard and two yards?　A **fence**.

(ibid.: 95)

（1ヤードと2ヤードとの違いはなにか？　塀．）

What（＝X）は1ヤードと2ヤードの違いと，長さの違いと理解すると，X＝one yard「1ヤード」となるが，ここでの正解は X＝A fence「塀」であるので，yard は長さではなく「庭」の意と理解し，二つの庭の間には塀があることになる．

### 7.4.3.　疑問副詞の指示付与
**疑問副詞 WHERE の指示付与：**

(64) **Where** was America's Declaration of Independence signed?　At the bottom.　(Howell (2003: 58))

（アメリカの独立宣言が調印されたのはどこ？　文章の下のほうだよ．）

Where (＝X) も通常の想定ではアメリカ独立宣言が調印された場所は Philadelphia である (X＝Philadelphia) が，ここでは，どこにサインしてあるかというと，その文章の下のほう (X＝At the bottom) とずれているところからおもしろくなっている．

(65) **Where** did Columbus land when he found America?  On the beach! (Keller (2007: 15))
(コロンブスはアメリカを発見したときはどこに上陸したか？ ビーチです．)

Where (＝X) も通常の想定ではコロンブスがアメリカ発見して最初に上陸したのはサン・サルバドル島，すなわち X＝San Salvador Island と指示付与するが，ここでは，単にビーチ（浜辺）に上陸いう一般化した答えとなって，X＝On the beach となり常識とこの答えとのずれを楽しんでいる．

**疑問副詞 WHY の指示付与：**

(66) Why are Saturday and Sunday stronger than the rest of the week? The others are all **weak days**! (ibid.: 24)
(なぜ土曜日と日曜日はほかの曜日より強いのか？
ほかの曜日はすべて〈ウイーク（weak＝弱い）〉デイだから（week days との対比）．)

WHY (＝X) で，通常の知識では土曜日と日曜日がなぜ，ほかの曜日より強いかという理解を現実世界で1週間みても，なかなか分からないので，X＝? となる．ところがメタ言語的に音の類似性を利用し weak（弱い）と week day との理解にいたれば，正解となる．

(67) Why was the polar bear upset with her test grade?
It was **20 below zero**. (ibid.: 108)
(どうしてホッキョクグマはテストの成績で落ち込んだのか？
マイナス20点だったから．)

WHY (＝X) でホッキョクグマがテストの成績でがっかりしたという理由は通常の世界ではなかなか分からないので X＝? となるが，成績の世界から，It was 20 below zero はホッキョクグマとのリンクでは温度でマイナ

20度の意だが，ここでは成績でがっかりしていたというので，マイナス20点だったの意と理解することで，おもしろさが理解できる．

### 7.4.4. その他の指示付与に関するデータ
　定冠詞 THE の理解：

(68) A young lawyer needed a new secretary. He interviewed three applicants for the job. He asked them all the same question:
'How much is two and two?'
'Four,' answered **the first girl**.
'Twenty-two,' answered **the second girl**.
'It could be four, or it could be twenty-two,' answered **the third girl**.
Which girl do you think the lawyer hired?
**The prettiest one**, of course. 　　　　　　(丸山 (2000: 42))
(ある若い弁護士が秘書をあらたに必要としていた．三人の応募者とインタビューをし，みんなに同じ質問をした．
「2たす2はいくら？」
「4です」と最初の女の子が答えた．
「22」ですと次の女の子が答えた．
「4かもしれないし，22かもしれない」と3番目の女の子が答えた．
弁護士はどの子を採用すると思いますか？
もちろん，もっともかわいい子です．)

この例では三人の応募者で，the first girl, the second girl, the third girl とインタビューして，そのうちのどの女の子を採用するかというので通例の言語使用ではこの中なら選ぶのに，ここでの落ちは the prettiest girl と，前の三人とは全く異なる基準で選んだもっとも美人と頭の中は問題としない結末におもしろさが生じる．

### Both of them are on the bed の理解：

(69) Mick got a job as a porter in a big hotel in New York.

One day he was standing at the front door when an American said to him, 'Hey Mick, be an angel and run up to Room 2003 and see if I left my **pyjamas** and **razor** on the bed. I'm rushing to the airport and my plane leaves in ten minutes. Five minutes later, Mick comes running down the stairs and says to the American, 'You're right. **Both of them** are on the bed.' (Sanjit (2003 : 5))
(ミックはニューヨークにある大きなホテルのポーターとしての職を得た.
ある日，正面玄関に立っていると，アメリカ人は彼に次のように言いました.「やあ，ミック，お願いだから，2003号室まで駆けあがって，パジャマとひげそりをベッドの上に忘れてないかを見てきてほしい．私は空港に急がないと，飛行機はあと10分で出発です．5分後，ミックは階段を走り降りてやってきて，アメリカ人に「あなたのおっしゃるとおり，ベッドの上に二つともありますよ.」と言います.)

この例では2行目の the front door, 3行目の the bed, the airport がはじめて出てくるのになぜ定冠詞がつくかは橋渡し推意 (bridging assumption) と関係するもので，The big hotel has a front door. Room 2003 has a bed. New York has an airport. などの知識が計算の途中に入り込んでくる．落ちの Both of them はパジャマとひげそりを指し，部屋に忘れていたというだけで，取ってきてくれなかったところにこのジョークのおもしろみがある.

**The ugliest baby → monkey の理解:**

(70) A woman holding a baby got on a bus. The bus driver looked at the baby and said, "That's **the ugliest baby** I've ever seen."
The woman got angry and sat down near the back of the bus. The man beside her saw that she was upset. "Is something wrong?" he asked.
"Yes," she replied. "The bus driver was very rude to me." "That's terrible," said the man. "He shouldn't be rude to passengers." "I know," said the woman. "I think I'll go up there and give him a piece of my mind." "Good idea," said the man. "Here, let me hold your **monkey**." (Live ABC (2010 : 43))

（赤ちゃんを抱いた女性がバスに乗り込んできました．バスの運転手は赤ちゃんを見て言いました．
「今まで見たなかでいちばんブサイクな赤ん坊だ」
女性は怒って，バスの後ろのほうに座りました．隣の男性が，女性が腹を立てているのに気づき，聞きました．
「どうなさいましたか？」「ええ」と女性は答えました．
「バスの運転手が私に対してとても失礼な態度をとったのよ」
「それはひどい」と男性は言いました．
「乗客に対して失礼な態度をとってはいけないね」
「そうでしょ」と女性は言いました．
「あそこに行って，ちょっと言ってくるわ」
「それはいい考えだ」と男性は言いました．
「じゃあ，僕がそのサルを抱いていましょう」）

このジョークでは the ugliest baby というバス運転手に対して，乗客が失礼だと反応し，最後に，赤ん坊を抱くときに，乗客が「monkey」（サル）といって，推意として，暗に乗客もその赤ん坊を醜いサルと言っているところに，いったんその母親の味方のふりをして，最後にやはり，失礼な態度となるというずれのおもしろさがある．

**A small man, the man, the small man の理解：**

(71) A store was having a big sale. The store was supposed to open at 9:30 AM, but customers started to line up in front of the store at 8:30 AM.
**A small man** tried to walk to the front of the line, but some customers got mad and pushed him back. **The man** tried to get to the front of the line again, but even more customers pushed him back the second time. Finally, **the small man** yelled at the customers, "If you keep pushing me, I won't open the store!"

(Live ABC (2010: 51))

（ある店が大セールを実施していました．開店は午前9時30分でしたが，8時30分には，客が店の前に並び始めました．

小さな男が列の前に歩いて行こうとすると，何人かの客が怒り，男を後ろに押し戻しました．男は再び行列の前に出ようとしますが，今度はさらに多くの客が押し戻します．ついに小さな男は客に向かってわめきました．「あなたたちが私を押し続けるなら，店は開けられません」）

a small man, the man, the small man と小さな男が店の前の列に並んでいる様子が分かるし，customers, some customers, even more customers と並んでいる客の表現があるので，この小さな男も客のひとりを指していると読み手はよんでくるが，最後の落ちで I won't open the store という発話で，推意としてこの a small man, the man, the small man は普通の客ではなく，店の店主 (shop owner) であることが分かり，これまでの理解とのずれによりおもしろくなる．

### A mother → her son の年齢，身分（職業）の理解

(72) A **mother** went into her **son's** room early one morning to wake him up. "Rise and shine, son!" she said, "It's time for school."
"I don't want to go to school," said the son.
"Give me two reasons why you don't want to go," said the mother.
"Well, the kids hate me, and the teachers hate me, too!"
"Those aren't good reasons," replied the mother.
"Give me two reasons I should go," said the son.
"Well, for one, you're fifty-four years old, and for another, you're the **principal**!" (Live ABC (2010: 19))
(ある日の早朝，母親は息子を起こしに，彼の部屋に行きました．「朝よ！ 起きなさい！」と母は言いました．「学校に行く時間だよ！」
「学校には行きたくない」と息子は言いました．
「なぜ行きたくないのか，理由を二つ言いなさい」と母は言いました．
「うーんと，子供たちは僕が嫌いなんだ．それから先生たちも僕が嫌いなんだ」
「そんなのは理由にならないわ」と母は言いました．
「僕が行かなくちゃいけない理由を二つ言って」と息子は言いました．
「そうね．一つは，あなたは54歳だから．もう一つはあなたが校長だから

よ」）

　a motherとher sonの会話なので，通例の状態ではお母さんと息子は小学生とか中学生とかの生徒と理解する．学校に行きたくない理由も，通常の子供なら，周りの子供に嫌われ，担任の先生からも嫌われと，この段階でもまだ普通の子供の理解ができる．ところが，最後の落ちでは母親が息子に学校に行かないといけない理由に息子が54歳と普通の子供の年齢とは大きくずれ，さらに，身分は生徒ではなくて，校長と大きくずれるところが，おもしろくなっている．

第 8 章

# ことわざの変種とそのジョーク

　この章ではことわざの形式を変形することで，おもしろくなるジョークの例を考察してみよう．形式の類似性に基づくジョークである．

---

### コラム 24

　日本語でこのようなことわざとか，きまりきった表現の変種のジョーク（だじゃれ）をまず見てみよう．

(i)　いすの上にもう3人　（電車広告）
　　［元の表現：石の上にも3年］
(ii)　アンジェラ（アキ）するより生むが易し
　　［元の表現：案ずるより生むが易し］　（さだまさし 2007.1.1. NHK総合テレビ）
(iii)　今日の一口明日の十キロ　（女性の作品）
　　［今日の一針明日の十針］　　　　　　　　　　　　　（奥津（2008：150））
(iv)　人事をだまして内定を待つ　（就職活動中の女子大生作）
　　［元の表現：人事を尽くして天命を待つ］
(v)　男まざりの女　　　　　　　（吉田徹と日本のダジャレ研究会（2005：64））
　　［元の表現：男まさりの女］
(vi)　太目をはばかる　　　　　　　　　　　　　　　　　　　　（ibid.：97）
　　［元の表現：人目をはばかる］

163

(vii) 人は人，我哀れ
　　　［元の表現: 人は人，我は我］

英語のことわざの変種の例 (奥津 (2008: 150) 参照):

(1) a. An onion a day keeps everybody away.
　　　（一日1個のタマネギは皆を遠ざける）
　　　［元の表現: An apple a day keeps the doctor away］
　b. A pill a day keeps the stork away.
　　　（一日一錠のピルはコウノトリを遠ざける）
　c. Love is blind, and marriage is an eye opener.
　　　（恋は盲目であるが，結婚がその目を直してくれる）
　　　［元の表現: Love is blind.］
　d. Better mate than never.
　　　（遅くとも結婚しないよりはまし）
　　　［元の表現: Better late than never.］

ことわざ「付き合う仲間を見ればその人の人柄がわかる，類は類をよぶ」の英語辞書の記述のゆれ (武田 (1992) 参照):

(2) a. You can judge/tell a man by the company he keeps.
　　　(*Oxford Dictionary of Current Idiomatic English*, Vol. 2, OUP, 1983)
　b. A man is known by the company he keeps.
　　　(*The Oxford Dictionary of English Proverbs*, 3rd Edition, OUP, 2003)
　c. Men are known by the company they keep.　(Toda (2003: 137))
　d. As a man is, so is his company.
　　　(*The Oxford Dictionary of English Proverbs*, 4th Edition, OUP, 1970)

ことわざ「直訳: まだ生まれていない雛鶏を数えるな．意訳: 起こるか起こらないかまだ分からないことを頼りにするな」の変種:

(3) a. Don't count your chickens before they are hatched.

b. to count one's chickens before they are hatched

ことわざ「全部の卵を一つの篭に入れるな．一つのことにすべてを賭けるな．株式投資などでよく使われるアメリカの格言」の変種：

(4) a. Don't put all your eggs in one basket.
　　b. to put one's eggs in one basket

ことわざ「鉄は熱いうちに打て，好機をのがすな．思い立ったが吉日，善は急げ」と文字どおりの使用の例：

(5) a. Strike while the iron is hot.
　　b. Five hundred men walked out of a steel mill while it was still in operation. The union spokesman said they had to strike while the iron was hot.
　　　（500人が製鉄所からストライキででたが，まだ製鉄所は運転中であった．労働組合のスポークスマンは鉄は熱いうちに打たないといけないと言った．）

ことわざ「一石二鳥を得る，一挙両得する」の文字どおりの例：

(6) a. Kill two birds with one stone.
　　b. "Doctor, I'm sorry to drag you so far out in the country on such a bad day." "Oh, it's all right because I have another patient near here, so I can kill two birds with one stone."
　　　（「お医者さん，とてもお天気の悪い日にこんな田舎にきてもらってすいません」「ええ，大丈夫です．近くにもう一人，患者がいますから．だから一石二鳥です（1回の診察で二人が死にますから）」）

## 8.1. ことわざの形式の変種について：置き換え，省略，反意語，拡張

以下の分類は Black (1999) *The Survival of English Proverbs: A Corpus Based Account* によるものである (http://www.deproverbio.com/DPjournal/DP,5,2,99/BLACK/SURVIVAL.htm)：there are four major types of proverb variation in English which are mainly created by some syntactic distortion.

### 8.1.1. 置き換え（一つの要素のみ語彙的に置き換えで，統語的形式は変化なし）

(7) Give him an inch and he will take a mile.
（彼にひさしを貸したら母屋まで取られるよ．）
→ Give him an inch and he will **run** a mile.
（彼に1インチ与えると1マイル走ることになる．）

### 8.1.2. 省略（通例2番目の節が省略される）

(8) When in Rome, do as the Romans do.
（《諺》郷に入りては郷に従え．）
→ **When in Rome**（郷に入りては）

### 8.1.3. 反意語（否定語の削除か挿入）

(9) All that glitters is not gold.
（《諺》輝くものすべてが金とは限らない，山高きがゆえに貴からず，光るものすべてが金ではない，輝くもの必ずしも金ならず．）
→ **All that glitters is gold**．（輝くものすべてが金）

### 8.1.4. 拡張（ほかの言語要素の挿入）

(10) Casting pearls before swine.
（豚に真珠を投げてやる，「猫に小判」）
→ Casting **synthetic** pearls before **real** swine.
（本物の豚のまえに人工真珠を投げてやる．）

## 8.2. 関連性理論による説明

### 8.2.1. 一つの要素のみ置き換えられた場合

(11) Absence makes the heart grow fonder.

（離れることでお互いの気持ちはより情愛をもつようになる．／《諺》会わないでいると人の心はいっそう愛情が深くなる．）
→ **Nonsense** makes the heart grow fonder.　　　（豊田（2003：128））

absence, nonsense が音が似ていて，残りのことわざの形式は同じである．「ナンセンスを楽しむ人はお互いより情愛をもつようになる」ともとのことわざとは全くことなる意味となる．

(12)　Accidents will happen.　（事故は起こるもの．）
→ **Occidents** will happen.　（西洋（人が生まれること）は起こるもの．）
Eiji was thrilled when his wife went into labor. Much to his surprise, however, the baby came out with blue, straight eyes, blond hair and light skin. "How could this be?" Eiji exclaimed. "How can my baby be white?" Shrugging, his wife said, "Occidents will happen."　　　　　　　　　　(ibid.: 128)
（エイジは自分の妻が出産する時にははらはらした．とても驚いたことに，赤ん坊は青い目で，まっすぐな目で，ブロンドの髪の毛で，色白であった．エイジは「これはどうしたことなんだ？　どうして僕の赤ん坊が白人なんだ？」と叫ぶと，妻は「Occidents will happen（西洋人が生まれることもときにはある）（＝a western-like baby was born accidentally, which does not matter and so you should not worry about it）」と言いました．）

accidents, occidents と音の類似性がある．

(13)　All that glitters is not gold.　（輝くものすべて金にあらず．）
→ With a display of leftover Christmas decorations: All that glitters was not sold.　　　　　　　　　　(ibid.: 148)
（クリスマスの飾りの売れ残りのディスプレイと一緒に書かれたもの：すべての輝くものが売れたのではなかった．）

gold, sold と音の類似性がある．

## 8.2.2. 統語形式，語彙形式の類似性（＝パロディー）

**[An X in the hand is worth two in the Y]**

(14) A bird in the hand is worth two in the bush.
（直訳: 手の中の鳥1羽は藪の中の鳥2羽の価値がある．意訳: 確実に手に入る物は入手できるかどうか分からないものよりずっと価値がある．／明日の百より今日の五十．）

→ The ring of sincerity was in his voice when he told me of his love.
（誠実さの指輪は彼が私に愛をのべるときには彼の声の中にあった．）
It should have been in his hand. A ring in the hand is worth two in the voice. (ibid.: 131)
（それは彼の手の中にあるべきだった．手の中の一つの指輪は声の中の二つの指輪に値するから．）

**[Old X never die, they just Y]**

(15) Old soldiers never die; they just fade away.
（老兵は死なず，ただ消え去るのみ．）

→ Old soldiers never die; just young ones. (ibid.: 173)
（老兵は決して死なない．ただ若いだけ．）

**[Don't count your X before they are Y]**

(16) Don't count your chickens before they are hatched.
（たまごが生まれる前に，ひなを数えるな．）

→ Don't count your checks before they are cashed. (ibid.: 137)
（現金化する前に，小切手を数えるな．）

## 8.2.3. 表意がおもしろさを出すもの

(17) Familiarity breeds contempt.
（親しさはそれが昂じると軽蔑を生む．／慣れすぎは侮りのもと．）

第 8 章　ことわざの変種とそのジョーク　　　　　　　　　169

　　　→ **Familiarity breeds**.　　　　　　　　　　　　(ibid.: 145)
　　　（親しくなると，子供ができる.）

## 8.2.4. 推意に基づくジョーク

(18)　It is a wise child who knows its own father.
　　　（直訳：自分の本当の父親を知っているのは賢い子供である.）
　　　［推意：何人も自分の血統（親）について自ら知れる人はいない］
　　　→ It is a wise **father** who knows its own **child**.　　(ibid.: 137)
　　　（自分の子供が分かるのは賢い父親である.）
　　　［推意：父親というものは普通，自分の子供のことをあまり知らない］

(19)　People who live in glass houses shouldn't throw stones.
　　　（ガラスの家に住む者は石を投げてはならない．／すねに傷をもつ者は他人の批評などしないほうがよい．／人を呪わば穴二つ.）
　　　［推意：誰にでも弱点はあり，過ちを犯すこともあるのだから，他人の過ちをむやみに避難すべきではない］
　　　→ People who live in **stone houses** shouldn't throw **glasses**.
　　　　　　　　　　　　　　　　　　　　　　　　　　　　(ibid.: 148)
　　　（石の家に住む人はガラスを投げるべきでない.）
　　　［推意：自分の家が頑丈だからといって，他人の家をむやみに攻撃してはいけない］

(20)　Money talks.　（金がものを言う.）
　　　［推意：決着の困難な事項でも金を出せば解決する］
　　　→ Money talks ... **but just to say good-bye**.　　　(ibid.: 161)
　　　（金がものを言う．たださよならとだけ.）
　　　［推意：お金が手元に残らずにどんどん出ていく］

## 8.2.5. アドホック概念形成に基づくジョーク
### 8.2.5.1. 概念が広がる場合

(21)　Man does not live by bread alone.　（人はパンのみに生きるにあらず.）
　　　［bread → food へと概念が広がっている］
　　　→ I'm a man who can live by **bread** alone.　I can't even afford

butter. (ibid.: 133)
（私はパンだけで生きられる人です．バターを買うゆとりがなくても．）
［後者は bread は概念の拡張はなく，もとのままのパンを指す］

### 8.2.5.2.　概念がルース化する場合

(22)　Blood is thicker than water.　（血は水より濃い．）
　　　［推意：他人よりは身内］
　　　→ **Blood is thicker than water** and much more difficult to get out of the carpet. (ibid.: 132)
　　　（血は水よりも濃いからカーペットについたら取り除くことはずっと難しい．）
　　　［後者では文字どおり，血は水よりも濃いの意］

### 8.2.6.　処理労力に関わるジョーク

(23)　The fastest way to a man's heart is through his stomach.
　　　(http://www.9999jokes,com/jokes/q-whats-the-fastest-way-to-a-mans-heart-a-through-his-chest-with-a-sharp-knife)
　　　（男の心をすばやくとらえる方法はその人の胃袋を通してである．）
　　　［推意：女性が男性と恋に陥るいい方法はお料理が上手になることである (Cooking for a man is a good way to win his affections)．］
　　　→ **The fastest way to get a man's heart** is to open his chest with a sharp knife.
　　　（男性の心臓を手に入れるもっともはやい方法は鋭いナイフで胸を切り開くことである．）
　　　［後者では heart は「心臓」の意となり，前者のことわざでは「心」の意で，後者の変種は文字どおりのグロテスクな手術とかの世界となっている］

## 8.3. いくつかの問題となるケースについて

### 8.3.1. ことわざの一部を用いての変種の例

(24) The early bird catches the worm.
(早起きの鳥は虫を捕まえる．／「早起きは三文の得」)
[推意: the person who takes the opportunity to do something before other people will have an advantage over them]
→ "Why did the worm oversleep?" "Because he didn't want to be caught by **the early bird**."
Oh, if you're a bird, be an early bird and catch the worm for your breakfast plate. If you're a bird, be an early early bird. But if you're a worm, sleep late.
(なぜ，虫はねぼうしたのか？ なぜなら，早起き鳥に捕まえられたくなかったから．そうか．もしも鳥だったら，早起き鳥になれ．そしたら，朝ごはんに虫をつかまえろ．もし，鳥だったら，早起き鳥になれ．しかし，もしも虫だったら，ゆっくり寝てたらいいよ．)
[後者は an early bird のみで，ことわざ全体を暗に伝えている]

### 8.3.2. 拡張，置き換えの場合

(25) While there is life, there is hope.
(命のある間は望みがある．／「命あっての物種」)
→ While there's **life insurance**, there's hope.　　　(豊田 (2003: 156))
(生命保険あっての希望．)

(26) Actions speak louder than words. （行動は，言葉より大声で話す．)
[推意: あれこれ，議論するより，直接行動することが効果的である．「不言実行」]
→ **Empty glasses** speak louder than **empty words**.
(Heineken Beer の広告)　　　　　　　　　(*Fortune* 1990, April 23)
(空になったグラスは空っぽのことばよりより大声で話す．)
[推意: ハイネケンのビールは空になったグラスが多いことで分かるように，とてもおいしい]

### 8.3.3. 反意語

(27) A man is known by the company he keeps.
　　　（人は群れている人たちによって判断できる．）
　　　→ A man is known by the company he **avoids**.　　（豊田（2003：139））
　　　（人はさけている人たちによって判断できる．）

### 8.3.4. ことわざの推意と表意のずれによるジョーク

(28) My wife believes in "Silence is golden" and **can talk about it for hours**.　　　　　　　　　　　　　　　　　　　　　　　(PG, p. 1419)
　　　（妻は「沈黙は金なり」をかたく信じている．だからこのことわざについて何時間も話ができるんだ．）

「沈黙は金なり」ということわざは黙っていることがいいと言いながら，何時間もそれについて語るという矛盾からおもしろさが生じる．

(29) I don't deny that money talks. I heard it once. It said "**Good-by**."
　　　　　　　　　　　　　　　　　　　　　　　　　　　　　(PG, p. 1555)
　　　（金がものを言うということは否定しない．一度聞いたことがある．お金が「さようなら」って言ったんだ．）

「金がものを言う」ということわざはお金があればいろいろと役立つという定型表現解釈で，「さようなら」ということは文字どおりの解釈となりお金が手元に残らないということで，おもしろくなっている．文字どおりとイディオムの解釈のずれに基づくものである．

### 8.3.5. ことわざなど決まりきった言い方との類似性

(30) What's worse than **raining cats and dogs**?　Raining elephants and hippos.　　　　　　　　(Archibold, Brown and Hurt-Newton (1999: 111))
　　　（どしゃぶり（rain cats and dogs）よりもっと悪いのは？　ゾウとカバがふってくること（rain elephants and hippos）．）

第8章 ことわざの変種とそのジョーク

### 広告の変種の例：

(31) A druggist put up a big sign in the front window: "**Smoking**, or forgetting your wife's birthday, can be hazardous to your health."

(丸山 (2002: 135))

(薬屋が大きな看板を店の正面のウィンドウに掲げた「たばこを吸うこと，奥さんの誕生日を忘れると，健康に危険を及ぼすことがあります．」)

もとの広告に or forgetting your wife's birthday を加えたところがおもしろく，奥さんの誕生日を忘れると，なぐられたりで，健康に害することがあるほど，しかられるということを推意で伝えているところがジョークとなっている．


[付録A]

## パロディー一覧表：統語的類似性に基づくもの

### [An X in the hand is worth two in the Y]

(1) A bird in the hand is worth two in the bush.
(明日の百より今日の五十．)
→ Ecologists believe that a bird in the bush is worth two in the hand.
(生態学者はやぶの中の1羽の鳥は手の中の2羽に値すると思っている．)

(2) Mauder: The ring of sincerity was in his voice when he told me of his love.
May: It should have been in his hand. A ring in the hand is worth two in the voice.
(マーダー：誠実を表す指輪は彼が私に彼の愛について語った時の彼の声の中にある．
メイ：それは彼の手の中にあるはず．手の中の一つの指輪は声の中の二つの指輪に値するから．)

## [There is no X like Y]

(3) There is no place like home. （わが家にまさる所なし．）
　　→ There is no police like Holmes. （ホームズにまさる警察はなし．）

(4) Boys will be boys.
（直訳：男の子はいつまでも男の子．諺：男の子はいつまでも男の子，子供っぽい遊びを好む．）
　　→ 【Boys will be X】
　　Boys will be noise. （男の子はうるさい．）
　　→ 【X will be X】
　　Void will be void. （空っぽは空っぽ．）

(5) What's sauce for the goose is sauce for the gander.
（一方［夫］に当てはまる事は他方［妻］にも当てはまる．）
　　→ 【What's X for Y is Z for A】
　　What's good for General Motors is good for the country.
　　（ジェネラル・モーターズにいいことは国にとってもいいことである．）
　　What's Bad For GM Is Bad For America.
　　（GM に悪いことはアメリカにとっても悪いことだ．）

(6) Don't put the cart before the horse. （馬の前に荷馬車をつなぐな．）
［馬が荷車を引くので，当然馬の後に荷車をつなげなくてはいけません．ものごとの順序を誤るなと言う意味．本末転倒］
　　→ 【Don't put X before the Y】
　　DRUNKEN DRIVER: The motorist who puts the quart before the hearse.
　　（酔っ払いの運転手：霊柩車の前に 1 クオートのビールを置く自動車運転手．）

(7) Don't count your chickens before they are hatched.
　　→ 【Don't count your X before they are Y】
　　Don't count your checks before they are cashed.
　　（現金化する前に小切手を数えるな．）

第 8 章　ことわざの変種とそのジョーク

(8) A thing of beauty is a joy for ever. （美しいものは永遠の喜びである．）
　→ 【A thing of X is Y for ever.】
　　What the girl says—A thing of beauty is a boy forever.
　　（女性が言うこと：美しいのは永遠なる男の子なり．）
　　A thing of duty will annoy forever.
　　（義務的なことは永遠の悩みなり．）
　　A brainless beauty is a toy forever.
　　（頭の弱い美人とは永遠のおもちゃなり．）

(9) A penny saved is a penny earned.
（節約した1ペニーは稼いだ1ペニーの価値がある．／《諺》「ちりも積もれば山となる」）
　→ 【— saved is a —】
　　Any saved is a fortune spurned.
　　（節約したものはどんなものでもはねつけられた財産となる．）

(10) A stitch in time saves nine.
（直訳：今一縫いしておけば後で九縫いの手間が助かる．意訳：問題が生じた時は早めに直しておいたほうがよい．／「今日の一針，明日の十針」）
　→ 【A — in time is —】
　　A niche in time is thine.
　　（時間内に適所を見つけるとなんじの物．）

(11) Too many cooks spoil the broth.
（たくさんのコックさんがいたら，いろんな味が混ざり合ってしまって，結局美味しい料理はできない．／「船頭多くして船山に上る」）
　→ 【too many —s spoil the —】
　　A textile factory lost a considerable amount of its stock during a recent flood.
　　（織物工場は最近の洪水でかなりの量のストックを失った．）
　　The reason: too many brooks spoil the cloth.
　　（理由は，小川が多すぎると，織物をだめにする．）

(12) The grass is always greener on the other side of the fence.

(いつも垣根の向こうの芝生のほうがより緑色である．／垣根［丘］の向こう側の芝生は（いつも）ずっと青々としている．／隣の芝生はうちのより青い．／他人のものは何でもよく見える．)

→ 【— is —er on the other side】
An Arctic explorer is a man who believes the snow is whiter on the other side.
(北極探検隊とは雪は反対側ではより白いと思う人．)

(13) You can lead a horse to the water, but you cannot make him drink.
(《諺》馬を水の所まで連れていっても水を飲ませることはできない．／自分でやる気のない人はどんなに指導しようとしてもだめだ．)

→ 【You can lead X to Y, but you cannot make him Z】
You can lead a young person to college, but you can't make him think.
(若い人を大学にやっても，考えさせることはできない．)

(14) Old soldiers never die; they just fade away.

→ 【Old X never die, they just Y】
Old soldiers never die; just young ones.
(老兵は死なず．ただ，若いだけ．)

以下は一部分のみで成り立つジョークの場合：

(15) The early bird catches the worm.

→ 【the early bird】
"Why did the worm oversleep?"　(「なぜ，虫は寝過したのか？」)
"Because he didn't want to be caught by the early bird."
(「早起きの鳥に捕まえられなくなかったから」)
Oh, if you're a bird, be an early bird.
(ああ，もしも鳥であるなら，早起き鳥であれ．)
And catch the worm for your breakfast plate.
(そしたら，朝ごはんに虫をつかまえる．)
If you're a bird, be an early early bird.
(もしも鳥であれば，早起き鳥であれ．)

第8章　ことわざの変種とそのジョーク　　　　　177

  But if you're a worm, sleep late.
  （でも虫であれば，遅くまで寝ていなさい．）

            （シェル・シルバースタイン）
    (Where the Sidewalk Ends (Harper & Row 1974) "Early Bird")

(16) It is no use crying over spilt milk.　（覆水盆に返らず．）
  → **[cry over spilt milk]**
  A cat is an animal that never cries over spilt milk.
  （猫とは，こぼれたミルクを決して泣かない動物である．）

## 第 III 部

# ジョーク研究の問題点

〈理論編〉

第 9 章

# 英語ジョークがなぜ日本人には理解しにくいのか？

　本章では PG で没となった例文を中心に分析を行う．翻訳とジョークの分析についてまず，考察する．『プラクティカル・ジーニアス英和辞典』で不採用になったジョークの分析で，ジョーク例文で問題となったものは以下のように分類できる．

　　(i)　　日本語訳の問題
　　(ii)　 音声的類似性と日本語訳の問題
　　(iii)　メタ言語の問題
　　(iv)　内容理解不可能（語彙・異文化などの問題）
　　(v)　 笑えなくて問題（ジョークの範囲の問題）

以下に出てくる記号の意味は次のとおりである：

　　＊：　さらに検討が必要なもの
　　評価 2 △△：　とてもおもしろくない
　　評価 1 　△：　あまりおもしろくない
　　おもしろくない，難しいなどのコメント付き

## 9.1. 日本語訳の問題

　bank を掛け言葉に使用しているので，「川の土手」「銀行」と和訳するか，カタカナ語で「バンク」と訳すかで問題となる．

第 9 章　英語ジョークがなぜ日本人には理解しにくいのか？　　181

(1) "Why is a river rich?" "Because it has two **banks**." 〈付録 B (18)〉
（和訳①：「なぜ川はお金持ちなの？」「バンクを二つも持っているからさ」）
[bank（銀行）とのしゃれ]
（和訳②：「なぜ川はお金持ちなの？」「二つの銀行を持っているから」）[bank には川岸の意もある]

rich の語義がお金とのリンクでは「金持ちの」意となり，牛のミルクとのリンクでは「栄養価の高い」の意となる．カタカナ語で「リッチな」と訳すことで，この掛け言葉をうまく処理することも可能である．

- rich　形 6 → 評価　1△　おもしろくない
(2) "Why do cows eat money?" "So they can produce **rich milk**." 〈付録 B (176)〉
（和訳①：「なぜ牛はお金を食べるの？」「リッチな牛乳を出せるから」）[形 1 とのしゃれ]
（和訳②：「なぜ牛はお金を食べるの？」「栄養価の高い［お金持ちの］牛乳を出せるから」）

## 9.2.　音声的類似性と訳の問題

- sheep → 評価　1△　おもしろくない
(3) Sheep get their hair cut at the **Baa-Baa** shop. 〈付録 B (193)〉
（和訳①：羊はメーメー鳴く店で散髪する．）[Baa-Baa は羊の鳴き声．これと barber（床屋）とのしゃれ]
（和訳②：ヒツジはバーバーショップで散髪する．）

- dam
(4) "What did the fish say when he hit the wall?" "**Dam!**" 〈付録 B (50)〉
（和訳①：「壁にぶつかった時，魚は何と言ったでしょう？」「ダムだ！」）
[Dam と Damn!（ちくしょう！）とのしゃれ]
（和訳②：「壁にぶつかった時，魚は何と言ったでしょう？」「ちくしょう［dam（ダム）！］」

- flee → 評価 2 △△　とてもおもしろくない
  (5) "How did the bank robber send messages?" "By **flee** mail."〈付録 B (78)〉
  （和訳①：「銀行強盗はどうやってメッセージを送るの？」「逃げるメールで」）[free mail（無料のメール）との語呂合わせ．＊flee は動詞のみなので苦しい]
  （和訳②：「銀行強盗はどうなってメッセージを送るの？」「フリーメールで」）

- flu → 評価　1 △　おもしろくない　＊やめたい．
  (6) "Have you **flu**?" "No, I came by bus."〈付録 B (80)〉
  （和訳①：「インフルエンザなの？」「いや，バスで来たんだ」）[Have you flu? を Have you flew?（飛行機で来たの？）と取っての答え．問いはイギリス英語]
  （和訳②：「フルーしたの（インフルエンザ，飛行機できたの）？」「いいえ，バスで来たよ」）

- Halloween → 評価 2 △△　とてもおもしろくない
  (7) On **Halloween** night, the birds sing "Twick or Tweet."〈付録 B (98)〉
  （和訳①：ハロウィンの夜，鳥は「クレー，クレー」と鳴く．）[tweet は「チュッ，チュッ」という鳥の鳴き声．Trick or treat. としゃれ]
  （和訳②：ハロウィンの夜，鳥は「クレー，クレー［いたずらかお菓子か］」と鳴く．）[tweet は「チュッ，チュッ」という鳥の鳴き声]

- quack → 評価 2 △△　とてもおもしろくない　＊苦しい．
  (8) "How do you eat a duck egg?" "**Quack** it open."〈付録 B (173)〉
  （和訳①：「アヒルの卵はどうやって食べる？」「ガーガー食べる」）[crack（割る）としゃれ]
  （和訳②：「アヒルの卵はどうやって食べる？」「割って食べる」）[quack はガーガーというアヒルの鳴き声]

## 9.3.　メタ言語の問題

- bird（または ladybird）→　評価　1 △　おもしろくない　＊ladybird は特殊？　と意見あり

第 9 章　英語ジョークがなぜ日本人には理解しにくいのか？　　183

(9)　"What bird never sings?" "A **ladybird**." 〈付録 B (24)〉
　　（「決して歌を歌わない鳥は何？」「テントウムシ」）

## 9.4.　内容理解不可能（語彙・異文化などの問題）

- above → ＊さらに検討が必要なもの　＊もと full general（陸軍大将）だが PG にないので変更．しかし，軍人は帽子をかぶっているものというイメージが強いが，学者はそうではないのでは．

(10)　"What is **above** an associate professor?" "His hat." 〈付録 B (1)〉
　　（「助教授の上は何？」「帽子」）[答えは above を前 1 の意味に取っている]

(11)　"What is above a full **general**?" "His hat." 〈付録 B (2)〉
　　（「陸軍大将の上は何？」「帽子」）[地位が上のものではなく頭の上にあるものを答えている]

- yellow → 評価　1 △　おもしろくない　＊形 3 はマイナー

(12)　"Why couldn't a banana jump from the top of a high building?" "Because it was **yellow**." 〈付録 B (242)〉
　　（和訳①：「なぜバナナは高層ビルの上から飛べなかったの」「黄色だったから」）[形 3 の意味とのしゃれ]
　　（和訳②：「なぜバナナは高層ビルの頂上から飛べなかったのですか？」「黄色[臆病]だったからです」）

- apple → ＊さらに検討が必要なもの　＊ことわざの注に，文字どおりには「医者を遠ざける」という意味などと入れておくほうがわかりやすい．

(13)　"Why don't you eat apples?" "I met a handsome **doctor** at the party." 〈付録 B (9)〉
　　（「どうしてリンゴを食べないの」「パーティーですてきなお医者様に会ったのよ」）[An apple a day keeps the doctor away. (1 日 1 個のリンゴは医者を遠ざける) ということわざで文字どおりには「医者を遠ざける」という意味から]

- good 形 1a → 評価　1 △　おもしろくない　＊意味伝わるか？

(14)　"What is 2 and 2?" "4." "That's good!" "Good? That is **perfect**!" 〈付録 B (95)〉

(「2足す2は？」「4」「グッド」「グッド？ 僕の答えは完璧じゃないですか！」)
[good は 1b の意味では「評価 B（良）」]

## 9.5. 笑えなくて問題（ジョークの範囲の問題）

- sight 成句 → 評価　1△　おもしろくない　＊ジョークとはいえないかも
(15)　Old is when you stop using phrases like "**love at first sight**." 〈付録 B (196)〉
（年をとったと言えるのは，「一目惚れ」のような文句を使うのをやめた時である.）

- chiropractor → 評価 2 △△（とてもおもしろくない）　＊つまらないと意見あり．Mummy と Mommy も意図不明．
(16)　"Where did the Egyptian Mummy go to get her back fixed?" "To the **chiropractor**." 〈付録 B (38)〉
（「エジプトのミイラは腰を治してもらうのにどこに行った？」「カイロプラクターのところへ」）[Cairo（エジプトの首都）とのしゃれ．Mummy と Mommy（母親）も音が類似]

[付録 B]

## ジョークの評価と問題点：PG 用に集めたジョーク

　　★　　東森によるもとのジョークの書き換えあり
　　×　　東森により不採用にしたもの
　　＊　　さらに検討が必要なもの
　　△△　△　おもしろくない，難しいなどのコメント付き

### ★ • above

(1)　"What is **above** an associate professor?" "His hat."
（「助教授の上は何？」「帽子」）[答えは above を前 1 の意味に取っている．＊もと full general（陸軍大将）だが PG にないので変更．しかし，軍人は帽子をかぶっているものというイメージが強いが，学者はそうではないのでは]

第 9 章　英語ジョークがなぜ日本人には理解しにくいのか？　　185

(2) "What is **above** a full general?"　"His hat."

(「陸軍大将の上は何？」「帽子」)［地位が上のものではなく頭の上にあるものを答えている］

△ •**abbreviation**

(3) "I hate TLA's."　"What's a TLA?"　"A Three Letter **Abbreviation**."

(「TLA は本当に嫌だ」「TLAって何？」「3 文字の略語」)［嫌だと言っているのに 3 文字の略語にしている］

△ •**across** 前 1

(4) "How can you jump **across** the street?"　"Walk across the street and jump."

(「どうすれば通りを跳んで渡れるの？」「通りの向こう側まで歩いてジャンプするのさ」)［答えは問いの across を前 2 の意味に取っている．＊問いが意図不明だからかつまらない．問いを I hear you can jump across the street. How? などとするか，"I can ..." "How?" とすればどうか］

★ •**adore**

(5) "Why are pretty girls like hinges?"　"They are things to **a door**."

(「なぜかわいい少女はちょうつがいと似ているの？」「ドアにつけるから」)［to adore（とても好かれる）とのしゃれ］

△ •**advice**

(6) Don't take any **advice**, including this.

(忠告には従うな，この忠告も含めてだ．)［＊ジョークという感じではない］

•**afraid**（または try）

(7) Don't be **afraid** to try something new.　An amateur built the Ark. Professionals built the Titanic.

(何か新しいことに挑戦するのを怖れるな．素人はノアの箱舟を造り，プロはタイタニック号を造った．)［ノアは全生物を洪水から救い，タイタニック号は沈没した！つまりプロも失敗するという意味］

- **always**（または only, when）
  (8) "Does water **always** come through the ceiling in this place?" "No, sir, only when it rains."
  （「ここではいつも天井から水がしたたり落ちてくるのかね」「いいえ，雨が降ったときだけです」）

★ • **apple**
  (9) "Why don't you eat **apples**?" "I met a handsome doctor at the party."
  （「どうしてリンゴを食べないの」「パーティーですてきなお医者様に会ったのよ」[上記のことわざから．＊ことわざの注に，文字どおりには「医者を遠ざける」という意味などと入れておくほうが分かりやすい]）

• **apple**
  (10) **Apples** are so expensive these days, you may as well have the doctor.
  （近ごろリンゴがとても高いから，あなたも医者にかかるかも．）[An apple a day keeps the doctor away.（1日1個のリンゴは医者を遠ざける）ということわざから]

△△ • **ash**$^2$　△ランク低い
  (11) "What is a tree that smokes?" "**Ash**."
  （「タバコを吸う木は何？」「トネリコの木」）[ash$^1$（灰）とのしゃれ．smoke は「煙を出す」の意味も］
  (12) "What is a tree that smokes?" "**Ash**."
  （「タバコを吸う［噴煙する］木を何という？」「セイヨウトネリコの木［灰］」）

• **assault**
  (13) Two peanuts walked into a bar. One was **assaulted**.
  （2個のピーナッツがバーに入った．片方は暴行された．）[One was a salted.（一つは塩をまぶしてあった）とのしゃれ］
  (14) Two peanuts walked into a bar. One was **a salted**.
  （二人［個］のごろつき［ピーナッツ］が，バーに入っていった．片方は突然襲いかかられた［塩がまぶしてあった］．）[One was a salted は "one was

第9章 英語ジョークがなぜ日本人には理解しにくいのか？　187

assaulted"（突然襲いかかられた）と音が似ているしゃれ］

• **atmosphere** 名2
(15) "Did you hear about the restaurant on the Moon?" "Great food but no **atmosphere**."
（「月にあるレストランについて聞いたことある？」「料理は美味しいけど，雰囲気がよくないってさ」）［名1の意味とのしゃれ］

★• **balance** 名3
(16) Accountants don't get hurt; they just lose their **balance**.
（会計士はけがをしない．ただしバランスを失うことがある．）［balance 名4（収支勘定）とのしゃれ．落ちの原因：1. 死ぬこと，2. バランス（平衡感覚）を失うこと．ただし，balance には二つの意味がある：平衡感覚と収支勘定］

• **ball**$^2$
(17) Cinderella was bad at football because she kept running away from the **ball**.
（シンデレラはサッカーが下手だった．何しろボールから走って逃げたんだからね．）［ball$^2$（舞踏会）と ball$^1$ とのしゃれ］

• **bank**$^1$
(18) "Why is a river rich?" "Because it has two **bank**s."
（「なぜ川はお金持ちなの？」「バンクを二つも持っているからさ」）［bank$^2$（銀行）とのしゃれ］

• **bank**$^2$（または will$^6$）
(19) A **bank** is a place that will always lend you money if you can prove that you don't need it.
（銀行とは，お金を必要としていないことを証明できる人にならいつでもお金を貸してくれるところである．）

• **bark**（または while）
(20) Remember, a barking dog never bites—while **barking**.
（いいかい，吠えるイヌは決して噛み付かないんだよ，吠えている間はね．）
［上記はことわざを茶化したもの］

× •**bark**（または see）

(21) "Why was the dog howling?" "Because it saw the tree **bark**."
（「なぜそのイヌは遠吠えしていたの？」「木が吠えるのを見たんだ」）[saw the tree bark は「木の皮を見た」の意でもある]

•**before**

(22) "Where does Friday come **before** Tuesday?" "In the dictionary."
（「火曜日より金曜日が先に来るのはどこ？」「辞書の中」）

•**big** 形 2（または do）

(23) "Rita, what will you do when you get as **big** as your mother?" "Go on a diet, miss."
（「リタ，お母さんのように大きくなったら何がしたいの？」「ダイエットです，先生」）[リタは big を形 1 と取った．do も自 4a と自 1 の意味が重なっている．what will you do? は「何になりたい？」の意]

△ •**bird**（または ladybird）

(24) "What **bird** never sings?" "A ladybird."
（「決して歌を歌わない鳥は何？」「テントウムシ」）[＊ladybird は特殊？と意見あり]

•**bison**

(25) "What did a buffalo say when her son left?" "**Bison**."
（「バッファローは息子が旅立つとき何と言った？」「バイソン」）[Bye, son（さようなら，息子よ）とのしゃれ．＊the buffalo とする？]

•**boring**

(26) "Have you heard the story about the woodpecker?" "It's **boring**."
（「キツツキに関する話を聞いたかい」「もううんざりさ」）[be boring は「孔をあけている（bore³）」とも取れる]

× •**bowl**² △ 2b（ボウリングの意味）は＝bowling

(27) "What game does a goldfish like?" "**Bowls**."
（「金魚が好きな遊びは何？」「ボウリング」）[「金魚鉢」（bowl¹）とのしゃれ．bowl には「金魚鉢」の意もある．イギリス英語]

第9章　英語ジョークがなぜ日本人には理解しにくいのか？

• **brain**

(28) "How long can someone live without a **brain**?" "How old are you?"
（「脳［知能］なしでどれくらい生きられるの？」「あなたはおいくつですか？」）［年齢を聞かれた人自身が知能なしで生きているのだという嫌味．
＊someone より human beings などのほうが？］

△ • **brief** 形1　△「訴訟事件適用書」が難しい印象？

(29) A lawyer is a person who writes a long document and calls it a "**brief**."
（弁護士とは，長い公文書を書いて，それを「短い」と呼ぶ人のことである）
［弁護士の書く a brief は「訴訟事件適用書（名2）」のこと］

× • **burn**　△ burn up のこの意味 PG になし

(30) A birthday candle says, "These parties **burn** me up."
（誕生日ケーキの上のロウソクが言う．「このパーティーでぼくは燃えつきる」）
［These parties burn me up. は「こんなパーティーにはいらいらする」の意味］

• **call**（または menu）

(31) "What does a cannibal **call** a telephone book?" "A menu."
（「人食い人種は電話帳を何と呼ぶ？」「メニュー」）

• **capital**

(32) "What is the **capital** of America?" "The letter A."
（「アメリカの首都は？」「Aの文字」）［名2（大文字）とのしゃれ］

△△ • **capital** 形2

(33) "What is a **capital** idea?" "Borrowing money to go into business."
（「最も重要な意見は何？」「商売を始めるためにお金を借りること」）［capital idea は「資本に関する意見」とも取れる．＊idea より matter（ことがら）などのほうが？　しかし意図分かりにくい］

• **castanet**

(34) "What kind of musical instruments can you use for fishing?" "The

castanet."

(「魚を捕るのに使える楽器は何？」「カスタネット」)[cast a net（網を投げる）とのしゃれ]

## ● cat 成句

(35) "The weather was beastly last night." "Yes, it rained **cats and dogs**. I know because I stepped in a poodle."

(「昨夜の天気はひどかったね」「うん，土砂降りだったね．プードルを踏んづけたくらいだから」)[beastly（獣のように），cats and dogs のあとに，poodle と puddle（水たまり）のしゃれ]

## ● cause

(36) The biggest **cause** of divorce is marriage.

(離婚の最大の原因は，結婚である．)

## ● cell

(37) "What do prisoners use to call each other?" "**Cell** phones."

(「囚人同士が電話するとき，何を使う？」「携帯電話」)[cell には「独房」という意味もある]

## △△ ● chiropractor

(38) "Where did the Egyptian Mummy go to get her back fixed?" "To the **chiropractor**."

(「エジプトのミイラは腰を治してもらうのにどこに行った？」「カイロプラクターのところへ」)[Cairo（エジプトの首都）とのしゃれ．Mummy と Mommy（母親）も音が類似．＊つまらない，と意見あり．Mummy と Mommy も意図不明]

## ★ ● chocolate

(39) "Did you see the **chocolate** factory?" "When the sun came out, it melted."

(「チョコレート工場見た？」「お日様が昇ったら溶けちゃった」)[the chocolate factory は「チョコレートでできた工場」とも取れる．＊答えを過去にしました]

(40) "What do you know about the **chocolate** factory?" "When the sun comes out, it melts."
(「チョコレート工場［チョコレートでできた工場］のこと知っている？」「お日様が昇ったら溶けます」)

△ • **chop**¹ 名3
(41) "What do you get from a sheep who loves karate?" "Lamb **chops**."
(「空手好きの羊からは何がとれる？」「ラム・チョップ」)［lamb chops は「子羊の空手チョップ」とも取れる］

• **club**
(42) "Are there any **clubs** for young people?" "Only when kindness fails."
(「若者用のクラブありますか？」「親切心が足りないときだけね」)［clubs for young people は「若者を殴るこん棒」（名3）とも取れる．＊kindness fails はもう少し工夫の余地ありそう］

• **connection**
(43) "When are electricians most successful?" "When they have good **connections**."
(「電気技師が一番成功するのはどんなとき？」「よいコネがあるとき」)［「うまく接続できるとき」とも取れる］

• **cool** 形5
(44) "Why did you put your CD in the refrigerator?" "I like to play it **cool**."
(「なぜ冷蔵庫にCDを入れるの？」「カッコよく再生したいから」)［形1とのしゃれ］

• **cost**（または without）
(45) There is a new book out called How To Be Happy Without Money. It **costs** twenty dollars.
(『お金がなくても幸福になれる方法』という本が出た．この本を買うのに20ドルかかる.)

• cost
(46) You know you're getting old when the candles **cost** more than the birthday cake.
（年をとったと分かるのは，誕生日のケーキよりもロウソクのほうが高くつくとき．）[You know you're getting old は「年をとっていると分かる」の意]

• crane
(47) "Which bird can lift heavy things?" "A **crane**."
（「重いものを持ち上げられる鳥は？」「ツル」）[名 2 とのしゃれ]

• crawl 名 2
(48) "How does baby fish swim?" "It does the **crawl**."
（「魚の赤ちゃんはどういうふうに泳ぐの？」「クロールで」）[はいはい (名 1) とのしゃれ]

△△ • croak 自 1 自 4 は《俗》
(49) "How did the frog die?" "He **croaked**."
（「カエルはどんなふうに死んだの？」「ガーガー鳴いたんだ」）[自 4 とのしゃれ．＊意図不明，と意見あり]

• dam
(50) "What did the fish say when he hit the wall?" "**Dam**!"
（「壁にぶつかった時，魚は何と言ったでしょう？」「ダムだ！」）[Damn! (ちくしょう！) とのしゃれ]

△△ • dead？　◎欧文変えた
(51) "What is the difference between zombies and repaired coffins?" "The former are **dead** men and the latter are men dead."
（「ゾンビと修理された棺桶の違いは何？」「前者は死んだ人で，後者は人が死んでいる」）[mended (修理された) とのしゃれ．mended は dead men の語順入れ替えで，men dead の意を暗に示している]

• deer (または idea)
(52) "What is called a **deer** with no eyes?" "No idea."
（「目のないシカを何と呼ぶ？」「シラナイ」）[no eye deer (目なしシカ) との

しゃれ．＊what is ... called? の語順が普通では］

• **depend**
(53) How long a fish grows **depends** on how long you listen to the fisherman's story.
（魚がどれくらい大きくなるかは，釣り人の話をどれくらい長く聞くかによる．）［fisherman's story はどんどん大きくなっていくもの．＊PC fisher とするのは無理でしょうね］

• **die** 自 1c （または keep 他 2）
(54) Life insurance is something that keeps you poor all your life so you can **die** very rich.
（生命保険とは，人がとても裕福に死ねるように，生きている間は貧乏にしておくものである．）［＊so の後に that 入れる？］

△△ • **die** 自 2b　△2b はややマイナー
(55) There are fences around cemeteries because many people are **dying** to get in.
（墓地のまわりに柵があるのはなぜかって？　多くの人が中へ入りたがって仕方がないからさ．）［be dying to get in は「死んで中に入りかけている」とも取れる．＊しゃれになっているか？と疑問あり］

× • **dim** 形 4　△重要度に難
(56) "Why did the teacher put the lights on?" "Because the class was so **dim**!"
（「なぜ先生は電気をつけたの？」「クラスのみんながあまりにもバカだからだよ！」）［「教室がとても暗かったからだよ（形 1）」と二重の意味に取れる言い方］

• **dock**
(57) "Where does a sick ship go?" "To the **dock** [doc]."
（「病気の船はどこへ行く？」「ドック」）［doc（医者）とのしゃれ］

△△ • **doze**　△△ dozer は見出しになし
(58) "What do you call a bull that is sleeping?" "A bull**dozer**."

(「眠っている雄牛を何と呼ぶ？」「ブルドーザー」）[bull dozer（うたた寝する雄牛）とのしゃれ]

△△ •**drawing room**　△《英正式》
(59)　"What is a dental parlor?" "A **drawing room**."
(「歯医者さんのお店ってどんなところ？」「居間よ」）[drawing room は「歯を抜く部屋」とも取れる]

•**dress** 自1（または see）
(60)　"Why did the tomato go red?" "Because it saw the salad **dressing**."
(「トマトはどうして赤くなったの？」「サラダが着替えているところを見ちゃったから」）[saw the salad dressing は素直に取れば「サラダドレッシングを見た」]

•**dribble** 自3
(61)　"How did the basketball court get wet?" "The players **dribbled**."
(「バスケットのコートはどうして濡れたの？」「選手がドリブルしたから」）[自2とのしゃれ]

•**drink** 自
(62)　College is a fountain of knowledge. The students are there to **drink**.
(大学は知識の泉である．学生は飲むためにそこにいる．）[drink 自は「酒を飲む」の意で使うことが多い．学生は知識の泉の水ではなく，酒を飲むために大学にいるといっているから]

△ •**drink**（または forget）
(63)　My father drinks to forget that he **drinks**.
(父は自分が酒飲みだということを忘れるために酒を飲む．)

•**dry** 自
(64)　"What gets wetter as it **dries**?" "A towel."
(「乾くほど濡れるのは何？」「タオル」）[手が乾くのに従ってタオルは濡れるから．答えは dry を「乾かす」（→他）と取っている]

- **driver's license** (もと drink)
(65) Why do you need a **driver's license** to buy liquor when you can't drink and drive?
(酒を買うのにどうして免許証がいるのだろう,酒を飲んだら運転できないのに.)［酒を買う時には年齢確認のため運転免許証などが必要］

- **during** (もと between)
(66) "What's the difference between the school bell and a cell phone?" "One rings between lessons, the other rings **during** them."
(「学校のチャイムと携帯電話の違いは？」「前者は授業の合い間に鳴り,後者は授業中に鳴る」)［＊the other rings の rings はなくても？］

△ • **eat**
(67) "Why was 6 afraid of 7?" "Because 7 **ate** 9."
(「どうして6は7が怖かったの？」「7が9を食べたから」)［8 (eight) とのしゃれ］

(68) "Why was 6 afraid of 7?" "Because 7, 8, 9."
(「どうして6は7が怖かったの？」「7が9を食べたから」)［7, 8, 9 (seven, eight, nine) を,seven ate nine と考えたから］

- **else**
(69) "Adam, do you love me?" "Who **else**, Eve?"
(「アダム,私のこと愛している？」「他に誰がいる,イブ？」)［エデンの園にはアダムとイブしかいない］

- **eve**
(70) "When was Adam created?" "A little before **eve**."
(「アダムはいつ創られたの？」「夕方の少し前」)［Eve とのしゃれ.アダムが創られたのはイブの少し前 (a little before Eve)］

- **experience**
(71) It takes a lot of **experience** to kiss like a beginner.
(初心者のようにキスをするには多くの経験を必要とする.)

- **fairy tale** (1)
(72) "Mommy, do all **fairy tales** begin with 'Once upon a time'?" "No. Nowadays, lots of them start with 'If I am elected as president of the United States'."
(「お母さん，おとぎ話はいつも『昔々あるところに』で始まるの？」「いいえ，近頃は『もし私が合衆国大統領に選ばれたら』で始まるのが多いのよ」)

- **family** 名 6
(73) "Name four members of the cat **family**." "The father cat, the mother cat and two kittens."
(「ネコ科のメンバーを四つあげなさい」「父親ネコ，母親ネコ，それに2匹の子ネコ」) [the cat family は「ネコの家族」とも取れる]

△ • **figure** 動成句 figure out [他] (2) (または computer, man)
(74) Men are like computers: They are hard to **figure out**, and they never have enough memory.
(男なんてコンピュータみたいなものよ．簡単には理解できない，それでいて記憶容量は足りない．) [＊意図不明，と意見あり]

- **Finland**
(75) "Where do goldfish come from?" "**Finland**."
(「金魚はどこからやって来た？」「フィンランド」) [fin land (ヒレの国) とのしゃれ]

- **fish**
(76) "What **fish** do you meet in space?" "Starfish."
(「宇宙で出会うのはどんな魚？」「ヒトデ」) [starfish は「星の魚」という意味]

- **flea**
(77) "Where are dogs scared to go?" "The **flea** market."
(「イヌが行くのを怖がる場所は？」「フリーマーケット」) [flea は犬が嫌うノミという意味もあるから]

△△ • **flee**
(78) "How do bank robber send messages?" "By **flee** mail."

(「銀行強盗はどうやってメッセージを送るの？」「逃げるメールで」) [free mail (無料のメール) との語呂合わせ. ＊flee は動詞のみなので苦しい. How did the ... と過去形のほうが？]

△△ •flood

(79) "What is a **flood** of gifts?" "Christmastide."

（「贈り物の洪水って何？」「クリスマスの季節」) [tide（潮流）とのしゃれ. ＊分かりにくい. tide は time の意.（古）"Time and tide wait for no man."]

△△ •flu

(80) "Have you **flu**?" "No, I came by bus."

（「インフルエンザなの？」「いや，バスで来たんだ」) [Have you flu? を Have you flew?（飛行機で来たの？）と取っての答え. 問いはイギリス英語. ＊やめたい. イギリス英語]

•**fly**（または flee）

(81) "Let's flee, **fly**." "Let's fly, flea."

（「ハエくん，さあ逃げよう」「ノミさん，飛んで行こう」) [flee（逃げる）と flea（ノミ），$fly^2$（ハエ）と $fly^1$（飛ぶ）の語呂合わせ]

•follow

(82) "What always **follows** a dog?" "Its tail."

（「いつもイヌのあとをついて行くのは何？」「尻尾」)

•foot

(83) "In this box, I have a 10-**foot** snake." "You can't fool me. Snakes don't have feet."

（「この箱の中に10フィートのヘビがいるよ」「だまされないぞ．ヘビに足があるもんか」) [10-foot snake は「10本足のヘビ」とも取れる]

•$for^3$

(84) "Can I have a goldfish **for** my son?" "Sorry, we don't do swaps."

（「息子に金魚，いいかしら」「申し訳ありません．交換はしておりませんので」) [8の意味に取った]

● **forget** 自（もと laugh）

(85) A pessimist **forgets** to laugh, but an optimist laughs to forget.
（悲観主義者は笑うことを忘れているが，楽観主義者は忘れるために笑う．）

△ ● **free** △

(86) Taxes are our annual reminder that the land of the **free** doesn't exist in this world.
（税金とは，この世に自由な国など存在しないことを毎年思い出させるものだ．）［free は「ただの（形 3a）」とも取れる．＊おもしろくない］

● **full name**（もと name）

(87) A **full name** is what you call your child when you are mad at him.
（フルネームとは子どもを叱るときに呼ぶためのものです．）［→ name 語法 (6)．＊him でいいのか］

● **fund**

(88) A college student wrote home: "I am without friends or **fund**s." His dad wrote back: "Make friends."
（ある大学生が家に「友だちもいないし，お金もない」という手紙を書いた．父親の返事：「では友だちを作れ」）［＊I have no friends ... ではいけないのか］

△△ ● **funny**

(89) Aliens don't eat clowns because they taste **funny**.
（宇宙人は道化師を食べないよ．だって奇妙な味がするもの．）［taste funny（こっけいな味）とのしゃれ．＊つまらない］

● **genius**

(90) "Do you know the difference between **genius** and stupid?" "Genius has its limits."
（「天才とバカの違いってわかる？」「天才には際限がある」）［ばかには際限がない，ということを暗に述べている］

● **get**

(91) "I got one hundred in my exam." "What subject did you **get** one hundred in?" "Fifty in math and fifty in English."

(「テストで100点とったよ」「何の科目で?」「数学で50点，英語で50点」)

• **give up**

(92) "Dave, your homework is getting much better." "I know—my father **gave up** helping me."

(「デイブ，君の宿題のできがとてもよくなってきているよ」「そうでしょう，お父さんが手伝うのをあきらめたから」)

• **given** 形 1

(93) "How many cigarettes do you smoke a day?" "Oh, any **given** amount."

(「あなたは1日に何本タバコを吸いますか?」「ええと，一定数ですよ」) [given を give の過去分詞形と取れば「もらっただけ」の意味になる．given には「与えられた」と「一定の」(a certain amount) の二とおりの意がある]

× • **go** 8a?　△難しい?

(94) "How many bricks **go** to the building of a store?" "None. They all have to be carried."

(「レンガがいくつあれば店が建ちますか?」「一つも．全部人が運ばなければだめですよ」) [レンガが自分で店に行く (1a) というのは無理．building はここでは建物ではなく，建設することの意]

△ • **good** 形 1a

(95) "What is 2 and 2?" "4." "That's good!" "**Good**? That is perfect!"

(「2足す2は?」「4」「グッド」「グッド? 僕の答えは完璧じゃないですか!」) [good は 1b の意味では「評価B」．＊意味伝わるか?]

• **green** (または make)

(96) "A red house is made of red bricks. What's a **green** house made of?" "Glass."

(「赤い家は赤いレンガでできています．では緑色の家は?」「ガラス」) [greenhouse は「温室」]

• **grind**

(97) "When is coffee like the surface of the earth?" "When it is **ground**."
（「コーヒーが地球の表面に似るのはどんなとき？」「粉にされたとき」）[ground¹（地面）とのしゃれ]

△△ • **Halloween**

(98) On **Halloween** night, the birds sing "Twick or Tweet."
（ハロウィンの夜，鳥は「クレー，クレー」と鳴く．）[tweet は「チュッ，チュッ」という鳥の鳴き声．Trick or treat. とのしゃれ]

• **handcuff**　△ジョークというより名句？

(99) Wedding ring: the world's smallest **handcuffs**.
（結婚指輪は世界で一番小さな手錠だ．）

△ • **have**

(100) You can't **have** everything. Where would you put it?
（すべてを手に入れることはできない．それをどこに置けばいいんだ？）

• **head**（または tail）

(101) "What has a **head** and tail, but no body?" "A coin."
（「頭と尻尾はあっても体がないものは？」「コイン」）[コインの表は head, 裏は tail というから．＊tail に a は不要？]

• **heart** 2b

(102) The fastest way to get a man's **heart** is to open his chest with a sharp knife.
（男のハートを手に入れる最速の方法は，鋭いナイフで胸を切り開くことだ．）[古いことわざ "The fastest way to a man's heart is through his stomach."（男の心をつかむ最速の方法は料理がうまくなることだ）のもじり．heart は「心 (2)」「心臓 (1)」両方の意味がある．＊ことわざは get なしで OK ?]

△ • **hide**（または shriek）　＊hide-and-seek には入れにくい．

(103) "What's a ghost's favorite game?" "**Hide** and shriek."

第 9 章　英語ジョークがなぜ日本人には理解しにくいのか？　　201

（「オバケが好きな遊びは何？」「隠れて悲鳴があがる遊び」）[hide-and-seek（かくれんぼ）のもじり．＊ちょっと苦しいか？]

- **high**（または jump）

(104)　"Do you think an elephant can jump **higher** than a lamppost?" "Yes, lamppost can't jump."
（「ゾウは街灯よりも高くジャンプできるとお思いですか？」「はい，街灯はジャンプできませんから」）[＊lamppost に a が必要では]

- **hole**（または cut）

(105)　A woman told a carpenter to cut an opening in the door for her three cats.　The carpenter cut three **holes**.
（ある女性が大工に玄関のドアに3匹の飼い猫の出入口を作ってくれと頼んだ．大工は穴を三つ開けた．）[三つ必要か？]

- **holiday**

(106)　A **holiday** is something that lasts a few weeks and takes one year to pay for.
（休暇とは数週間取ることができ，かかった費用を支払うのに1年かかるものである．）

△△ ・**how?**　＊terrify には難しい

(107)　"**How** do monsters like their eggs?"　"Terri-fried."
（「モンスターは卵をどう料理するのが好き？」「テリ揚げ」）[terrified（ぞっとするような感じで）とのしゃれ．＊苦しい]

- **humanitarian**

(108)　If a vegetarian eats only vegetables, what does a **humanitarian** eat?
（菜食主義者は野菜だけを食べる人．では人道主義者は何を食べる？）

△△ ・**imaginary**

(109)　When a mathematician writes a fantasy book, will the page numbers be **imaginary** numbers?
（数学者がファンタジーを書くとき，ページ数は架空の数字になるのだろう

か？）[imaginary number は「虚数」の意味．＊おもしろくない］

△△ • **income**

(110) "What is the average **income** of husbands?" "Midnight."
（「世の夫の平均収入は？」「真夜中」）[in come は「帰宅時間」とも取れる．＊難しい]

• **instead**

(111) "Mum! I've swallowed a light bulb!" "Then use a candle **instead**."
（「ママ，電球を飲み込んじゃったよ！」「じゃあ，代わりにロウソクを使いなさい」）

• **invent**

(112) An optimist **invented** the car and a pessimist invented the air bag.
（楽観主義者は車を発明し，悲観主義者はエアバッグを発明した．）

• **jam**[1]

(113) "Why are strawberries like cars?" "When you have a lot of them, they make a **jam**."
（「イチゴと車はなぜ似ているの？」「たくさん集まればジャムができるから」）[jam[2]（渋滞）とのしゃれ]

△ • **keep**

(114) "What do money and a secret have in common?" "They're both very hard to **keep**."
（「お金と秘密の共通点は何？」「どちらも手元にとどめておくのが難しい」）

△ • **keep** 他 8

(115) "I **keep** racing pigeons." "Do you ever win?"
（「僕は競技用のハトを飼っているんだ」「今までに勝ったことあるの？」）
[keep racing pigeons は「ハトと競争し続ける」とも取れる]

△ • **knead**

(116) "Why is a baker like a growing child?" "They **knead** bread."

（「なぜパン屋は育ち盛りの子どもと似ているの？」「パンをこねるから」）[They need bread.（パンが必要）とのしゃれ]

- **knight**
(117) The early days of history were called the dark ages because there were so many **knights**.
（中世は暗黒時代と呼ばれた．騎士がたくさんいたから．）[night（夜）とのしゃれ．＊Middle Ages ではいけないのか．dark ages → Dark Age?]

- **late**（または early）
(118) A boss is someone who is early when you are **late** and **late** when you are early.
（上司とは，あなたが遅く来たときには早く来て，あなたが早く来たときには遅く来る人のことである．）[＊「遅刻」と訳したほうがいいですか]

- **laugh** ＊ことわざをまず入れる．
(119) He who **laughs** last thinks slowest.
（最後に笑う者が最も考えるのが遅い．）[上記はことわざのもじり．＊コンマは削除した]

△△ • **lay**¹ 自 1
(120) "What hens **lay** longest?" "Dead ones."
（「一番長く卵を産み続けるニワトリは？」「死んだニワトリ」）[lay を lay²（lie¹ の過去形）と取った．＊lay long がピンと来ない]

- **lecture**
(121) "Where are you going at this time of night?" "I'm going to take a **lecture**, officer." "Who's giving it?" "My wife."
（「こんな夜遅くにどこへ行くのかね」「お巡りさん，説教を聞きに行くんですよ」「誰が説教するのかね」「女房です」）

- **leek**
(122) "What vegetable didn't Noah take on the Ark?" "**Leeks**."
（「ノアが箱舟に持ち込まなかった植物は何？」「ネギ」）[leak（水漏れ）とのしゃれ]

● **letter**

(123) "How many letters are there in alphabet?" "Eight **letters**."
（「アルファベットには何文字ありますか」「8文字」）[alphabet は 8 文字]

● **level**

(124) "How are your exam results?" "I'm afraid they are like a nuclear submarine." "What do you mean by that?" "They are below sea **level**."
（「試験はどうだったの」「それが原子力潜水艦みたいなんだよ」「それはどういう意味？」「海面以下ということさ」）[C level とのしゃれ]

● **lie**[1]

(125) Hunters **lie** in wait while fishermen wait and lie.
（猟師は伏せて待つが，漁師は待ってウソをつく．）[猟師は lie[1], 漁師は lie[2]．漁師はホラ話をするものというイメージがある．＊PC fisher?]

△ ● **lie**[2]

(126) A lawyer is **lying** when his lips are moving.
（弁護士の唇が動いているときはウソをついているときだ．）

● **life**

(127) **Life** is very short. It's only a 4 letter word.
（人生はとても短い．たったの4文字だ．）[life という単語は 4 文字だから]

● **like** 前 2（または fiction）

(128) No one writes fiction **like** the weather forecaster.
（気象予報士のようにフィクションを書ける人はいない．）[＊元の訳に合わせて novelist, writer などとしてもよい]

● **like**[2] 前 1a

(129) A cop said, "What's he **like**?" A little boy answered, "Beer and women!"
（警官が「奴はどんなふうだ？」と聞いた．少年は答えた．「ビールと女だね」）[問いは What is he like? だが，What does he like? (like[1]) と取って答えたもの．＊もう少しおもしろいものにできないか]

△△ • long
(130) "Why don't short dogs need much sleep?" "Because they are never **long** in bed."
（「なぜ胴の短い犬はあまり眠らなくてもいいの？」「ベッドで長くなりっこないから」）［long を形 2 と取れば「けっしてベッドに長くいない」の意味．＊be long in bed と言うのでしょうか］

• love
(131) "Will you **love** me when I'm old and ugly?" "Of course I do."
（「私が年老いて醜くなっても愛してくれる？」「もちろんさ，そうしているだろう」）

• lucky
(132) Lucy likes the letter "k" because it makes her '**Lucky**.'
（ルーシーは k の文字が好きだ．彼女をラッキーにしてくれるから．）［Lucy + k］

• make 他 1b
(133) When you **make** a cat drink, put it in the blender and extract the fur.
（ネコの飲み物を作るときは，ミキサーにかけてから毛を取り除きなさい．）［make を 1a と取れば a cat drink は「「ネコジュース 1 杯」」］

△ • make（または ma）ma なし
(134) "What **makes** ma mad?" "The letter 'd'."
（「ママを怒らせるのは何？」「d の文字」）［ma に d がついて mad（怒っている）．＊ma は見出しにあってよいのでは］

△ • make up ［他］(8)
(135) "Why is a clown's face like a story?" "Because they're **made up**."
（「道化師の顔は物語になぜ似てる？」「作り物だから」）［make up は「化粧する」（［他］(9)）とも取れる．＊無理に対話にしないほうがよい？ A clown's face is ... because ...］

● mare

(136) "What horses give you bad dreams?" "Night **mare**."
(「夢見を悪くさせるのはどんな馬？」「夜のメス馬」)[nightmare（悪夢）とのしゃれ]

● mass

(137) "Does light have **mass**?" "Of course not. It's not even Catholic!"
(「光に質量はある？」「あるわけないさ．カトリック信者ですらないんだから！」)[Mass（ミサ）とのしゃれ]

△ ● math

(138) Algebra is a weapon of **math** destruction.
(代数とは数学破壊兵器だ．)[mass destruction（大量破壊兵器）とのしゃれ．＊おもしろくない]

● meet（または buoy, gull）

(139) The ocean is the place where buoy **meets** gull.
(海とはブイがカモメと出会う場所である．)[boy meets girl をもじったもの．＊buoy も gull も（boy, girl も）本来 a が必要でしょうが，ジョークとしてはこれでいいのでしょうか]

△ ● milk

(140) When a cow laughs, does **milk** come out of its nose?
(乳牛が笑うと鼻から牛乳出すのかな．)[子どもが給食で牛乳を飲んでいるときのいたずら文句．＊「給食で」でいいのか未確認]

△△ ● miss 他 4

(141) "What's the difference between an accepted lover and a rejected lover?" "One kisses his miss, the other **misses** his kiss."
(「受け入れられた恋人とふられた恋人の違いは何？」「前者はミスにキスをし，後者はキスをミスする」)[「できなくて寂しい」意味．前者の miss は miss$^2$．＊長いし分かりにくい]

- **miss**[1] 他6
(142) "You **missed** school yesterday, didn't you?" "Not a bit!"
（「昨日，学校をサボったでしょ」「ちっとも」）［missed school は「学校に来られなくて寂しかった（他4）」の意味にもなる］

- **money**（もと little）
(143) There are more important things in our life than a little **money**—lots of **money**!
（人生には少しのお金よりももっと大事なものがある．それはたくさんのお金である！）［＊複数 OK?］

△△ • **monk**
(144) "How did you open the monk's door?" "With a monkey."
（「どうやって修道士の家のドアを開けたの？」「サルを使ったのさ」）［monk-key（修道士の鍵）とのしゃれ．＊苦しい］

- **more** 成句 the more ..., the more
(145) The **more** people I meet, the **more** I like my dog.
（私は人に会えば会うほど，自分の犬がますます好きになる．）［＊なぜ my なのか，と意見あり（でも犬一般よりは特定の犬のほうがいいように思う）］

- **moth**
(146) "What's the largest **moth**?" "A mammoth."
（「いちばん大きな蛾は何？」「マンモス」）

△△ • **multiplication**
(147) Biology is the only science in which **multiplication** means the same thing as division.
（生物学は掛け算が割り算と同じ意味をもつ唯一の科学である．）［「細胞が分裂によって増殖する」は Cells multiply by dividing（分割によって増殖する）という．＊とても難しい］

△ • **mummy**[2]
(148) "How did you catch Egyptian flu?" "From **mummy**."
（「どうやってエジプト・インフルエンザにかかったの？」「母さんからうつ

されたの」)［mummy[1]（ミイラ）とのしゃれ．＊Egyptian flu という種類があるのか？］

• **new**

(149) When he walked into the antique shop, the man said, "What's **new**?"

（骨董品店に入ると，男が言った．「変わりはないかい」）［What's new? は単なるあいさつだが，文字どおりには「新しいものない？」］

• **nobody**

(150) "Who won the skeleton beauty contest?" "**Nobody**."

（「ガイコツ美人コンテストの優勝者はだれ？」「だれも」）［no body（体のないもの）とのしゃれ］

△ • **nothing**

(151) "What is two minus two?" The cat said "**nothing**."

（「2引く2は？」ネコは何も言わなかった．）［「ゼロと答えた」とも取れる．＊ネコは唐突．もう少し工夫したい］

• **noise**

(152) "Why do bagpipe players walk while they play?" "To get away from the **noise**."

（「なぜバグパイプ奏者は歩きながら演奏するの？」「騒音から逃げるため」）［誰が出す騒音？］

△ • **nothing**　成句 for nothing

(153) "Why do we buy dictionaries?" "Because we can't get them for **nothing**."

（「なぜ私たちは辞書を買うのだろう？」「ただではないからだ」）

• **odd** 形1

(154) "You know what seems **odd** to me?" "Numbers that aren't divisible by two."

（「僕にとって何が奇妙に思えるのか分かるよね？」「2で割れない数字だろ」）［形5とのしゃれ］

## 第9章 英語ジョークがなぜ日本人には理解しにくいのか？

•**on** △この on はっきりしない

(155) "Is there pea soup **on** the menu?" "There was, but I wiped it off."
（「メニューに豆のスープは載っていますか？」「ございましたが，私が拭き取りました」）［＊「...の上に書かれている」の意味は PG の現在の語義区分でははっきりしない］

•**on** △この on はっきりしない

(156) "I hear your cat was **on** the TV." "Yes, he knocked off a vase of flowers."
（「君のところのネコがテレビに出たんだってね」「そうよ，花瓶を落としちゃったの」）［＊「...に出演している」は PG の現在の語義区分でははっきりしない］

•**organ**

(157) I'm not an **organ** donor. But I once gave an old piano to charity.
（私は臓器提供者ではありません．でも慈善団体に古いピアノを寄付したことはありますよ．）［an organ donor は「オルガン寄贈者」とも取れる］

•**originate**

(158) Man did not **originate** not from a monkey, but from two monkeys.
（人間は1匹のサルから進化したのではない．2匹のサルから進化したのだ．）［＊英文おかしい．did not 取る？］

•**out**

(159) "What is the cheapest time to call my friends?" "When they are **out**."
（「友だちに電話するのに一番安い時間帯っていつ？」「友だちが留守のとき」）

△△ •**park**　lot には無理

(160) "What was Camelot?" "A place where people **parked** their camels!"
（「キャメロットはどんな場所だった？」「ラクダ用の駐車場さ」）［camel lot（ラクダの駐車場）と考えた．Camelot はアーサー王の宮廷の名前］

• **pay**

(161) If crime doesn't **pay**, is my job a crime?
（悪事はもうけにならない．だったら俺の仕事は悪事なのか？）［ことわざ "Crime does not pay."（悪事は割に合わない）から］

× • **peaky** △△なし．

(162) "I feel like a mountain." "Yes, you look a bit **peaky**."
（「山登りしたいわ」「どうりで！ 君はちょっと山っぽい［やつれている］もんね」）［イギリス英語］

• **percent**

(163) "The latest model computer will cut your workload by 50 **per cent**." "That's great! I'll take two of them."
（「この最新型コンピュータで仕事の負担を50%減らせます」「それはすばらしい．2台買おう」）［2台あれば仕事の負担は0%に！ ＊The → This? workload 難しいか］

△△ • **petal**

(164) "What kind of music do florists like?" "Heavy **petal**."
（「花屋が好きな音楽のジャンルは？」「ヘビーペタル」）［heavy metal（ヘビーメタル）とのしゃれ．＊おもしろくない］

△ • **playground**

(165) "Where do religious children practice sports?" "In the **playground**!"
（「信心深い子どもたちはどこでスポーツをするの？」「校庭で」）［play（遊ぶ）と pray（祈る）の語呂合わせ．＊l と r のしゃれはどうなのか］

△△ • **point**

(166) "Why couldn't the Egyptians build pyramid in the fog?" "Because they could not see the **point**."
（「なぜエジプト人は霧の中ではピラミッドを建てられなかったの？」「先端が見えなかったから」）［point を名6と取れば「問題の核心がつかめなかったから」の意味．＊pyramid は a 必要］

★ • politician

(167) A statesman thinks of the next generation; a **politician**, the next election.
（政治家は次の世代のことを考え，政治屋は次の選挙のことを考える．）

• next

(168) A politician thinks of the **next** election; a statesman, of the **next** generation.
（政治屋は次の選挙のことを考え，政治家は次の世代のことを考える．）

△ • present

(169) "What is a time when all that matters is the **present**?" "Christmas."
（「贈り物がもっとも大切な時はどんなとき？」「クリスマス」）[＊意味不明，と意見あり．「現在」とかけているのでしょうか]

• prey

(170) "Which birds are the most religious?" "Birds of **prey**."
（「一番信心深い鳥は？」「猛禽類」）[pray（祈り）とのしゃれ]

• pronoun

(171) "Now, class, name two **pronouns**." "Who, me?" "Very good." "Huh???"
（「はい皆さん，代名詞を二つあげてみて」「だれ，ぼく？」「とてもよくできました」「えっ？」）[who も me も代名詞]

• pull

(172) "Don't **pull** the cat's tail!" "I'm just holding it. He is **pulling**."
（「ネコの尻尾を引っ張らないで！」「僕はただ持ってるだけだよ．ネコのほうが引っ張ってるんだ」）

△△ • quack

(173) "How do you eat a duck egg?" "**Quack** it open."
（「アヒルの卵はどうやって食べる？」「ガーガー食べる」）[crack（割る）とのしゃれ．＊苦しい]

• **red**

(174) "What is black and white and **red** all over?" "A newspaper."
(「全体が黒くて白くて赤いものは何?」「新聞」) [read [red] all over (至るところで読まれる) とのしゃれ]

• **remember** 他 2

(175) The best way to **remember** your wife's birthday is to forget it once.
(妻の誕生日を忘れない一番いい方法は,一度忘れることだ) [他 1 (思い出す) と取れば,いちおう論理的? ＊おもしろいが,よく考えるとけっこう難しい.注はこんなものでしょうか]

△ • **rich** 形 6

(176) "Why do cows eat money?" "So they can produce **rich** milk."
(「なぜ牛はお金を食べるの?」「リッチな牛乳を出せるから」) [形 1 とのしゃれ]

• **right** (または left, leave)

(177) According to the results of his brain scan, in his left brain no one's **right**, and his **right** brain, nothing's left.
(脳検査によれば,彼の左脳はどこにも正常なものがなく,右脳には何も残っていなかった.) [right 形 8b と形 11, left$^1$ 形 1 と left$^2$ のしゃれ. ＊no one で OK? 素直には「どこも正常なところがなく…」と訳したいところだが]

• **ring** 名 1

(178) "What **ring** is square?" "A boxing **ring**."
(「四角い輪って何?」「ボクシングのリング」) [名 5 とのしゃれ]

△ • **rooster**　＊chicken に入れにくい

(179) "Why did the **rooster** run away?" "Because he was chicken!"
(「どうして雄鶏は逃げたの?」「ヒヨコだったから」) [名 5 とのしゃれ]

• **run** (または smell)

(180) "My nose is **running** and my feet smell." "Looks like you're built upside down."

(「鼻は走るし,足は臭いをかいでいる」「まるで逆立ちしたような体だな」)
[「鼻水は出るし,足は臭い」がふつうの解釈]

- **run** 成句 run out of
(181) "Why is a moth in my soup?" "Because we've **run** out of flies."
(「なぜ俺のスープの中にガがいるんだ?」「あいにくハエを切らしておりまして」)

- **run** 名,成句
(182) "Why does someone who runs marathons make a good student?" "Because education pays off in the long **run**."
(「なぜマラソンを走る人は立派な学生になるの?」「長い目で見れば教育が報われるから」)[in the long run は「長距離走で」とも取れる. *この make は難しい. become ではどうか]

- **sale**
(183) "Where can I get a cheap yacht?" "In a **sale**."
(「安いヨットはどこで手に入る?」「特売で」)[sail (帆) とのしゃれ]

- **scale**[2]
(184) "Which part of a fish weighs the most?" "The **scales**."
(「魚で一番重いのはどこ?」「うろこ」)[scale[2] (...の重さがある) とのしゃれ]

- **school**[1]
(185) "Why are fish so smart?" "Because they are always in **schools**."
(「なぜ魚はあんなに頭がいいの?」「いつも学校にいるから」)[「いつも群れでいるから (school[2])」とのしゃれ]

△ • **second-hand**
(186) "What is a **second-hand** garment?" "A fur coat."
(「中古の服とは何のこと?」「毛皮のコート」)[毛皮はすべてもともと動物が身に着けていたものだから]

• see

(187) "Didn't you **see** the thirty miles per hour sign?" "No, officer, I was driving too fast to **see** it."

(「時速30マイルの標識が見えなかったのかね？」「お巡りさん，見えませんでした．スピードを出しすぎていたもので」)

△△ • see

(188) "Why are ghosts bad at telling lies?" "Because they are so easy to **see** through."

(「なぜオバケは嘘をつくのが下手なの？」「いつもお見通しだから」)［体が透けて見えるから」とも取れる］

• seesaw

(189) "How can you cut the sea?" "With a **seesaw**."

(「海は何で切れますか？」「シーソー」)［sea saw（海用のノコギリ）とのしゃれ］

△△ • send

(190) "How do skunks like their e-mails?" "**Sent**."

(「スカンクは電子メールをどうするのが好きですか？」「送信済み」)［scent（におい）とのしゃれ．＊おもしろくない］

• serial

(191) "What do you call a person who puts poison in a person's corn flakes?" "A **serial** killer."

(「他人のコーンフレークに毒を入れる人を何と呼ぶ？」「連続殺人犯」)［cereal（シリアル）とのしゃれ］

× • service　△ ace 形は《俗》

(192) "Why are tennis players like a good hotel?" "They provide an ace **service**."

(「テニス選手と良いホテルはなぜ似てる？」「サービスエースを出すからさ」)［ace service は「最高のサービス」の意味］

第9章　英語ジョークがなぜ日本人には理解しにくいのか？　　　215

△ •sheep
(193)　**Sheep** get their hair cut at the Baa-Baa shop.
　　　（羊はメーメー鳴く店で散髪する．）［Baa-Baa は羊の鳴き声．これと barber（床屋）とのしゃれ］

△△ •shellfish　△ランク低い
(194)　Oysters don't give something to charity because they are **shellfish**.
　　　（カキは慈善団体に寄付なんてしないよ．貝だからね．）［selfish（利己的）とのしゃれ］

•side
(195)　"On which **side** does a chicken have more furs?" "The outside."
　　　（「ニワトリで羽が多いのはどちら側？」「外側」）［which side は「左右」とは限らない］

△ •sight　成句
(196)　Old is when you stop using phrases like "love at first **sight**."
　　　（年をとったと言えるのは，「一目惚れ」のような文句を使うのをやめた時である．）［＊ジョークとはいえないかも］

•sign（または where）
(197)　"Where was The Declaration of Independence **signed**?" "At the bottom."
　　　（「米国の独立宣言が署名されたのはどこ？」「文書の末尾」）［地名を期待したのだろうが...］

•silence（もと believe）
(198)　My wife believes in "**Silence** is golden", and can talk hours about it.
　　　（妻は「沈黙は金なり」をかたく信じている．だからこのことわざについて何時間でも話ができるんだ．）

•single 形 3
(199)　"Do you know why a room full of married people looks empty?" "There's not a **single** person in it."

(「既婚者で一杯の部屋はどうしてがらんとしているかわかる？」「独身者が一人もいないから」) [There's not a single person は「ただの一人もいない (形1)」と取れる]

△ • **skeleton**
(200) "How do ghosts type e-mails?" "They use a **skeleton** keyboard."
(「オバケはどうやって電子メールを打つの？」「ガイコツ用のキーボードで」) [skeleton key とのしゃれ. skeleton key は「合鍵；多くの錠に合うような鍵」の意で, keyboard の "key" と結びついたジョーク]

△ • **slow** 自1
(201) A person of middle age is cautioned to **slow** down by his doctor instead of by the police.
(中年男性はスピードを落とすように注意される．警察ではなく医者に．) [slow down は「のんびりやる」の意味も]

• **smile** (もと mile)
(202) "What is the longest word in the English language?" "**Smiles**—because there's a mile between the first and last letter."
(「英語でいちばん長い単語は何？」「smiles です．最初の文字と最後の文字の間に1マイルあるから」) [s-mile-s]

• **smoke** 自1
(203) "What did the big chimney say to the little chimney?" "You're too little to **smoke**."
(「大きな煙突は小さな煙突に何と言った？」「お前は煙を出す [タバコをすう] にはまだ子どもだ」) [自2とのしゃれ]

• **sole**[3]
(204) "What fish leaves foot prints at the bottom of the sea?" "A **sole**."
(「海底に足跡を残す魚は何？」「シタビラメ」) [sole[2] (靴底) とのしゃれ]

△ • **sorcerer**
(205) "What is a space wizard?" "A flying **sorcerer**."
(「宇宙の魔法使いって何？」「空飛ぶ魔法使い」) [a flying saucer (空飛ぶ円

盤）とのしゃれ]

- **speak**（もと who）
(206) "John has a bad cold and can't come to school today." "Who is this **speaking**?" "This is my dad **speaking**."
（「ジョンがひどい風邪で，今日は学校には行けません」「どちらさまがお電話をおかけでしょうか？」「ぼくのお父さんです」）

△ • **spell**¹ 自 ?
(207) "What insect is more wonderful than a dog that can count?" "A **spelling** bee."
（「数がかぞえられるイヌよりもすばらしい昆虫は何？」「字を書くミツバチ」）[spelling bee は「綴り字競技」]

× • **spell**  △△ spell2 に動なし，無理か
(208) "What was the witch's favorite subject in school?" "**Spelling**."
（「魔女の好きな科目は何？」「綴り方［魔法］」）

△ • **squash**
(209) I feel like fruit juice. I've been playing too much **squash**.
（フルーツジュースが飲みたい．スカッシュをやりすぎたからね．）[名4とのしゃれ]

• **stand** 自 4
(210) "Why does the statue of liberty **stand** in New York harbor?" "Because it can't sit down."
（「なぜ自由の女神はニューヨーク港にあるの？」「座れないから」）[stand を「立っている（自1）」と取っての答え．*「立っている」と訳したほうがすっきりするのですが，素直にとればこの文は stand 4 でしょうね]

• **starfish**
(211) "Which fish signs autographs?" "A **starfish**."
（「サインをするのはどんな魚？」「ヒトデ」）[star fish（スターの魚）から]

• **straight** 副 3

(212) "Be sure that you go **straight** home." "I can't. I live just round the corner."
(「まっすぐ家に帰るのですよ」「無理です．ちょうど角を曲がったところに住んでいるのです」)〔→副 1〕

× • **strike** 名　＊バイオリンとうまくつながらない？

(213) "Why is lightening like a violinist's fingers?" "Because neither one **strikes** in the same place twice."
(「雷とバイオリン奏者の指はなぜ似てるの？」「どちらも同じ場所に二度あたることはないから」)

• **suffering**（もと suffer）

(214) In many marriages there have been three rings: an engagement ring, a wedding ring—and **suffering**.
(多くの結婚には三つのリングがある．エンゲージリング，ウェディングリング，そして，サファリング．)

× • **swat**　△ swat ランク低い．他の語で代替できないか．

(215) What's the difference between a newspaper and a television set? You can't **swat** a fly with a television set.
(新聞とテレビの違いは何か？　テレビでハエを叩くことはできない．)〔＊分かりやすいので，他の語で言い換えられるのなら残していいと思いますが〕

• **tale**

(216) You should never tell a secret to a peacock because they always spread **tales**.
(孔雀にはけっして秘密を打ち明けてはいけない．いつも話を広げるからね．)〔spread tails（尾羽を広げる）とのしゃれ．＊they で OK？〕

• **talk** 自 2

(217) I don't deny that money **talks**. I heard it once. It said "good-bye."
(金がものを言うということは否定しないよ．一度聞いたことがある．お金

第9章 英語ジョークがなぜ日本人には理解しにくいのか？　219

が「さようなら」って言ったんだ.）[→自6]

● **tall** 形1
(218)　"What stories are told by basketball players?"　"**Tall** stories!"
　　　（「バスケットボール選手が語る話はどんなもの？」「背の高い話」）[→形3]

△ ● **tank** 名1a
(219)　The goldfish in a **tank** said, "Do you know how to drive this?"
　　　（水槽の中の金魚が言った.「これの運転の仕方分かる？」）[「戦車（名2）」とのしゃれ]

● **tea**（もと penalty）
(220)　"What's a footballer's favorite **tea**?"　"A penal **tea**."
　　　（「サッカー選手が好きなお茶は？」「罰茶」）[penalty とのしゃれ. ＊「よく食らうお茶」みたいなうまい言い方ができなければ、「嫌いなお茶」にしたい]

△ ● **tell**
(221)　"What's your dog's name?"　"I don't know, she won't **tell** me."
　　　（「君の犬の名前は何ていうの？」「知らない. 教えてくれないの」）[＊答えの英文は OK か]

△△ ● **terrible**
(222)　"Our daughter was involved in a **terrible** road accident."　"Yes, the roads are **terrible** around here."
　　　（「娘が恐ろしい道路事故に巻き込まれたんだよ」「このあたりはひどい道路ですからね」）[terrible な road accident でなく terrible road の accident? ＊おもしろくない]

× ● **that**　ジョークとはちょっと違う
(223)　I think **that that** "**that**" **that that** man used there was wrong.
　　　（あの男があそこで使ったあの that は間違いだと思う.）

△ ● **therefore**
(224)　I think—**therefore** I'm single.
　　　（われ思う, 故にわれ独身.）[上記 Descartes の言葉のもじり]

• **time** 名 8（または sink）

(225) A ship carrying yo-yos hit an iceberg. It sank many **times**.
（ヨーヨーを積んでいる船が氷山に衝突．何回も何回も沈んだ．）［積荷がヨーヨーだけに...］

• **tired**

(226) "Why can't a bicycle stand up?" "Because it's too **tired**."
（「自転車はどうして立っていられないの？」「あまりにも疲れているから」）［two-tyred（タイヤが二つ）とのしゃれ．＊stand up なら「立ち上がれない」か．意味としては「立っていられない」のほうがいいので keep standing などとする？］

• **tow**

(227) "What happens to broken-down frogs?" "They get **towed**."
（「ガタがきたカエルはどうなるの？」「牽引される」）［toad（ヒキガエル）とのしゃれ．＊単語が難しいか］

× • **toy**（または toilet）　難しいか

(228) "If a baby pig is called a piglet, what is a baby **toy** called?" "A toilet."
（「赤ちゃんのブタは子豚という，では赤ちゃんのオモチャは？」「トイレ」）［-let は「小さい...」の意味の語を作る接尾辞］

• **tune**

(229) "What **tune** makes everyone happy?" "Fortune."
（「皆を幸せにしてくれるのはどんな曲？」「幸運」）

• **turn** 自 2

(230) "When is a car not a car?" "When it **turns** into a garage."
（「車が車でなくなるのはどんな時？」「ガレージに入ったとき」）［自 3 と取れば「ガレージに変わったとき」］

△ • **until**（または cheap）

(231) Talk is cheap **until** you get a lawyer involved.
（話すことなんて安いものさ，弁護士がかかわってくるまでは．）［＊意味分

かるか?〕

- **vein**

(232) "Why were the two red blood cells so unhappy?" "Because they loved in **vein**."
(「二つの赤血球はなぜそんなに不幸だったの?」「愛し合ったのが静脈の中だったからさ」)〔in vain とのしゃれ〕

- **vessel**

(233) "What kind of boat pulls Dracula when he water-skis?" "A blood **vessel**."
(「ドラキュラが水上スキーをするとき彼を引くのはどんな船?」「血だらけの船」)〔a blood vessel は「血管」(→3 用例)〕

- **wait**

(234) "What is the difference between a ton and the sea?" "**Wait** and see."
(「1トンと海の違いは何?」「ちょっと考えさせて」)〔weight and sea (重さと海) との語呂合わせ. ＊sea より ocean などにしたほうが?〕

- **week** (または weak)

(235) "Which is the strongest day of the week?" "Saturday and Sunday. All the other days are **weak** days."
(「1週間で一番強いのは何曜日?」「土曜日と日曜日. 残りは全部弱い日だからね」)〔weekdays とのしゃれ〕

- **where** (または crown)

(236) "**Where** was the Queen crowned?" "On the head."
(「女王様が戴冠されたのはどこ?」「頭の上」)〔「どこで」冠をかぶったのかを聞きたかったのだろうが...〕

★ • **why**

(237) Salesman: I have confidence in my perseverance.
President: That's **why** you've been with me for twenty years.
(セールスマン: 私は忍耐強さには自信がありますよ.

社長：だから君はこの会社に20年間もいられたんだね．）［＊書き方異例］

- **with**（または eye, call）
(238) "What do you call a fish **with** no eyes?" "A fsh."
（「目がない魚を何と呼ぶ？」「フシュ」）［eye と（アルファベットの）i とのしゃれ］

- **without**
(239) "Have you seen my glasses?" "They're on your head." "Thank you.  I might have gone home **without** them."
（「僕のメガネ見なかった？」「頭の上にあるよ」「ありがとう．メガネなしで帰るところだったよ」）［「メガネなしで帰る」ことにはならなかったはずだが… ＊おもしろいか？？］

- **worry**（もと look out）
(240) "Waiter!  Look out!  You've got your thumb in my soup!"
"Don't **worry**, sir.  It isn't very hot!"
（「おい君，気をつけろ！スープの中に親指が入っているじゃないか！」「お客さま，心配ご無用です．スープはそんなに熱くありませんので」）

- **yard**[1]
(241) "What is the difference between one **yard** and two yards?"
"A fence."
（「1ヤードと2ヤードの違いは？」「柵がいるかどうか」）［yard² とのしゃれ．庭が一つであれば境界が存在しない］

△ • **yellow**
(242) "Why couldn't a banana jump from the top of a high building?"
"Because it was **yellow**."
（「なぜバナナは高層ビルの上から飛べなかったの」「黄色だったから」）［形3の意味とのしゃれ．＊形3はマイナー］

# 第10章

# ジョークの説明原理について：
## ずれの解決理論から最新の関連性理論研究まで

　従来の笑いの原理に関するものをまず見てみよう．
　志水（2000）『笑い／その異常と正常』第三章「笑いの分類と心的メカニズム」では次のような笑いの理論が紹介されている：

**笑いの理論1: 優越の理論** (p. 66)
古くプラトンによって提唱され，ホッブズによって強化された理論であり笑いは他人に対する優越感の表現だとするものである．

**笑いの理論2: ズレの理論** (pp. 67-68)
ずれの理論は...思考の変化の面から笑いを説明しようとしたもので，パスカル，カント，ショーペンハウアーなどの哲学者によって唱えられてきた．パスカルは「予期したことと実際に見ることとの間に生じる驚くべき不釣り合い異常に笑いを生み出すものはない」といっている...．

**笑いの理論3: 放出の理論** (p. 70)
この論は笑いの生物学的な側面からの発想であり，主としてスペンサーにより主張されフロイトによっても支持されてきた．この理論では笑いは「蓄積された神経エネルギーの発散」のため，またはその結果ということになる．

**笑いの理論4: ずれの解決理論** (incongruity resolution theory)
内海（2002）によると，ユーモアの鑑賞過程の認知モデルである〈ずれの解決理論〉は，ユーモアには期待と現実のずれ・不調和（incongrui-

ty)の認識が必要であると想定する．たとえば言語的ユーモアであるジョークの以下の例では，人間の女性が紹介されるという当然の期待・予測と，最終行で示される落ち（punchline）で提示された内容（ペンギンが紹介される）との間にずれが生じている．結婚相手を探している若い男が，コンピュータ・システムの結婚相談所を訪れた．彼は申込書の相手の希望欄にこう書いた．

(504)「大勢といるのが好きで，ウォータースポーツをやり，フォーマルな装いが好みの，できればやや小柄なタイプ」すると，紹介されたのはペンギンであった．

しかしながら，ずれはユーモアの十分条件ではない．たとえば上記のジョークの落ちを「すると，紹介されたのはラクダであった」に変えてみるとどうだろうか．同様にずれは生じるが，おかしさはなくなってしまう．この違いは，生じたずれが解消されるかどうかに起因する．ペンギン落ちでは，人間であるという条件を除いては，ペンギンは男性の希望する条件（大勢といるのが好き，ウォータースポーツをやる，等）をある意味で満たしており，部分的にではあるが，ずれが解決・解消されている．(Zip はこれを『局所論理による不調和の解消』と呼んでいる．) 一方，ラクダ落ちでは，生じたずれは解消されず残ったままである．このように，ずれの認識とずれの解決の2段階のユーモアの鑑賞過程を考える理論を総称して，ずれの解決理論（incongruity resolution theory）という．

以上四つの主要な笑いの理論の概略を見たが，それらの理論のどれをとってもすべての笑いを説明できず，いずれも一部の笑いの心的メカニズムを説明するものであると思われる．なお, Ritchie (p. 60, 65) は Forced reinterpretation (FR) model, Sul は two-stage model を提唱しているし, Two frame/script theory の衝突でジョークを説明しようという試みもある．

関連性理論によるジョーク関連の主要論文一覧は，時間軸に沿って並べると次のようになる．

> Jodlowiec, Maria (1991) "What Makes a Joke Tick," *UCL Working Papers in Linguistics* 3, 241-253.
> Curcó, Carmen (1995) "Some Observations on the Pragmatics of

Humorous Interpretations. A Relevance-theoretic Approach," *UCL Working Papers in Linguistics* 7, 27-47.

Curcó, Carmen (1996) "The Implicit Expression of Attitudes, Mutual Manifestness and Verbal Humour," *UCL Working Papers in Linguistics* 8, 89-99.

Curcó, Carmen (1997) "Relevance and the Manipulation of the Incongruous: Some Explorations of Verbal Humour," *Proceedings of the University of Hertfordshire Relevance Theory Workshop*, ed. by Marjolein Groefsema, 68-72, Peter Thomas and Associates, Chelmsford.

Muschard, Jutta (1999) "Jokes and Their Relation to Relevance and Cognition or Can Relevance Theory Account for the Appreciation of Jokes?" *Zeitschrift fur Anglistik und Amerikanistik* 47.1, 12-23.

Yus, Francisco (2003) "Humor and the Search for Relevance," *Journal of Pragmatics* 35.9, 1295-1331.

Yus, Francisco (2008) "A Relevance-theoretic Classification of Jokes," *Lodz Papers in Pragmatics* 4.1, 131-157.

## 10.1. 関連性理論とジョーク1: Curcó (1996)

　Curcó (1996: 89-90) は意図的なユーモア（ジョーク）は世界のある側面に関してある種のコメントを非明示的にすることで成り立つこと，ユーモアとは話し手が話し手以外のだれかに属する心的表示を用いるが，同時に自分はそう思わないという心的距離を置くことで，エコー発話（echoic utterance）を用いることで，発話はユーモア発話解釈のためのコンテクストと衝突を起こし，不調和（incongruitiy）が生じると分析している．

　A great amount of intentional humour, if not all, consists mainly in implicitly making a specific type of comment about some aspect of the world.

　In the type of verbal humour on which I concentrate here, speakers lead hearers to entertain mental representations that are attributable to someone other than the speaker at the time of the current utterance, while simultaneously expressing towards such representations an attitude of self-distancing. This particular use of representations is what in relevance-theoretic terms is called echoic use.

The role of entertainment of the incongruous in arriving at a humorous interpretation.

(Curcó (1995, 1997) 参照)

## 10.2. 関連性理論とジョーク 2: Muschard (1999)

Muschard (1999: 14) は英語のジョークの特徴を関連性理論を用いて次のようにまとめている．ジョークは次のような要素からなるコミュニケーションの一形式である：概念的不調和 (conceptual incongruity)，予想外の展開 (unexpectedness)，あるいは語彙的あいまいさ (lexical ambiguity)，プラス，ジョークで示される情報の非明示性 (implicitness of information given in a joke)，プラス，パンチラインによる突然の落ち (a sudden shift, triggered by the punch line)．

英語のジョークに関して関連性理論から Muschard (1999: 17) は次のような分析をしている．

- "Incongruity and the dissolution of incongruity in jokes means that first certain assumptions are evoked which then are abandoned and replaced by new contextual implications."
  (ジョークにおける不一致，不一致の解消とは最初にある想定が呼び起され，それからそれが捨て去られて新しい，コンテクストの含みに置き換えられることを意味する)
- "The presence of implicit information in jokes is in line with the twofold contextual effects: the elimination of existing assumptions plus the combination of contextual implications presupposes the existence of some implicit information."
  (ジョークにおける非明示的情報の存在は二重のコンテクスト効果と一致する：存在する想定の削除プラス，推意による組み合わせが，ある非明示的情報

## 第10章 ジョークの説明原理について

の存在の前提となる）

- "The suddenness of the punch line which triggers the shift does not only comply with the sequencing rules according to which the background information is given initially while the effect-carrying or shift-triggering foreground information comes at the end. It must also be seen in the light of the relevance-theoretic requirement of low processing costs at high contextual effects."

（落ちの引き金となるパンチラインにおける急展開は背景となる情報が最初に与えられ，効果を生み出す，落ちを引き起こす前景となる情報があとにやってくるという談話連鎖に関する規則と一致するのみではなく，関連性理論による処理労力の低くより高いコンテクスト効果を必要とすることに照らして考えられなければならない）

- "Hence, it is claimed that relevance theory can very well account for jokes as a special form of communication."

（したがって，関連性理論はある特殊な形式のコミュニケーションとしてのジョークをうまく説明できるのである）

具体例：

(1) Famed Chinese diplomat attended gala reception in Washington in early part of the day. Senate lady, trying to make polite conversation, asked. "Dr. Wong, what 'nese' are you? Chinese, Japanese, or Javanese?" "Chinese," he replied, "and you, madam? What 'kee' are you? A monkey, donkey or a Yankee?"

（有名な中国の外交官がワシントンで早い時間に開催されたガラ・パーティーに参加した．上院議員ご婦人：丁寧に会話しようと，ワン博士，あなたはなにニーズ（nese）ですか？ チャイニーズ，ジャパニーズ，あるいはジャヴァニーズですか？と聞きました．「チャイニーズ（中国人）です」と答えると，「それでは奥様，あなたはなにキー（kee）ですか？ マンキー，ドンキー，あるいはヤンキーですか？」）

コンテクスト想定（Contextual assumption）：Monkey, donkey, Yankeeはすべてバカである．

表意： You are either a monkey or a donkey or a Yankee.

推意 (Contextual implication)： I consider you (=the lady) to be as stupid as a monkey or a donkey.

- 処理労力を増加させる要因：(p. 18)
  ——二つの言語形式の並行性がある．'nese' には意味的，音韻的な並行性があるが，'kee' では意味的な並行性が保持できず，この意味的並行性のずれの理解は処理労力がいる．
  ——推意計算
- 処理労力を減少する要因：(p. 20)
  ——単純な文構造の分析とか意味的，音韻論的並行性

(2) (The tale of a lion-hunting expedition)
Part 1. A lion and two lion-hunters.
Part 2. A lion and one lion-hunter.
Part 3. A lion.
((ライオン狩りの探検のお話)
第1部： 一頭のライオンと二人のライオンハンター
第2部： 一頭のライオンと一人のライオンハンター
第3部： 一頭のライオン)

コンテクスト想定： The hunters are hunting a lion. (ハンターはライオン狩りをする．)

表意： At the end of the expedition, there is still one lion but no lion-hunter. (探検の終わりには一頭のライオンがまだいるがライオンハンターはいなくなっている．)

推意： Instead of being killed, the lion killed and ate the two hunters. (ライオンは殺されないで，ライオンが二人のハンターを殺して食べた．)

この例ではテキストは短いが，処理労力はかなりかかる．処理労力とコンテクスト効果には不釣り合いがある．このジョークには次のような要因が関わる：

- 処理労力を増加する要因：(p. 21)

——不完全な意味表示（incomplete semantic representation（＝no sentence-structure at all））
——推意計算
- 処理労力を減少する要因：
——テキストが短い

Muschard（1999）の結論：

- (p. 20) other things being equal, the greater the contextual effects, the greater the appreciation of the joke, and other things being equal, the smaller the processing efforts, the greater the appreciation of the joke.
（他の条件が同じなら，コンテクスト効果が大きければ大きいほど，ジョークの効果は大きい，他の条件が同じなら，処理労力が小さければ小さいほど，ジョークの効果は大きい）
- (p. 14) jokes constitute a form of communication with the constitutive elements：
—conceptual incongruity, unexpectedness, or lexical ambiguity, plus
—implicitness of information given in a joke, plus
—a sudden shift, triggered by the punch line

伝達における関連性（relevance）の原理とはなにか？

The Communicative Principle of Relevance (CPR)
Every act of overt communication conveys a presumption of its own optimal relevance. To be optimally relevant, an utterance (or other act of overt communication) must be at least relevant enough to be worth processing, and moreover the most relevant one compatible with the communicator's abilities and preferences (Wilson and Carston 2006: 407-8)

## 10.3. 関連性理論とジョーク3：Pilkington（2000）

Pilkington, Adrian (2000) *Poetic Effects: A Relevance Theory Per-*

*spective*, John Benjamins, Amsterdam.

Pilkington (2000: 168-169) はジョークの解釈は典型的にコンテクストの迷路 (garden-path) に関わる．ジョークは聞き手に一連のコンテクスト想定にアクセスするようにすすめるが最後にはその処理を取りやめて，新たな一連の想定にアクセスすることによる再解釈を求める．この再解釈は新しいコンテクストが処理されるので突然の処理活動を含み，脳の活動において特別なことを生みだし，ユーモアが生み出されると分析している．

> The interpretation of jokes, for example, typically involves a contextual garden-pathing: jokes encourage the addressee to access a range of contextual assumptions, only to finally reject them in favour of a new set of assumptions. The re-interpretation, involving a sudden burst of processing activity as new context is accessed, produces a special kind of brain activity, which may be monitored and 'experienced' or 'felt' as humour. A further more dramatic physical reaction may sometimes ensue—laughter. （Curcó (1997) 参照）

## 10.4. 関連性理論とジョーク 4: Yus (2003)

Yus (2003: 1295) によれば，ジョークの聞き手は通常の発話理解の処理方法で，ジョークの解釈をしようとすること．すなわち最良の関連性の原理に合致すること．ただし，話し手は途中で認知的不一致を導入する．聞き手は再解釈をする．袋小路であると聞き手は気づくことで，笑いを引きだすと分析している．

> The main foundation of this cognitive theory (=Sperber and Wilson's Relevance Theory) is the hypothesis that human beings rely on one single interpretive principle, which they invariably use in their attempt to select the interlocutors' intended interpretation. This principle states that the first interpretation which provides an optimal balance of interest—cognitive effects—and mental effort, is the one that the speaker possibly intends to communicate, and hence it is the one

第10章　ジョークの説明原理について　　231

selected, and interpretation stops at this point.

This theoretical claim is valid for any type of ostensive communication (in which communicators intend to make mutually manifest to the addressee some information), humorous utterances included.

- Sperber and Wilson (1986: 162)

  The principle of relevance applies without exception: every act of ostensive communication communicates a presumption of relevance

- Jodlowiec (1991a: 251), Curcó (1997)

  a more cognitive approach in which a mental search for an optimally relevant interpretation also covers the processing of humourous discourses and the derivation of humorous effects

- Yus (2003: 1309)

  The hearer is led to select a first—relevant—interpretation of the initial part of the text (often in a garden-path way, cf Yamaguchi 1988: 324-325)

- Yamaguchi (1988) "How to pull strings with words. Deceptive violations in the garden-path joke." *Journal of Pragmatics* 12, 23-337.

- Yus (2003: 1309) The resolution of the incongruity, by finding an overall coherence sense of the whole text, together with the addressee's realization of having been fooled into selecting a specific interpretation, is supposed to trigger a humorous effects.

---

コラム 25

日本語のだじゃれの成立条件として，滝沢 (1996) は，次の三つの条件を挙げている：

(i)　二つの言葉の発音が似ていること，
(ii)　品詞を変えること，
(iii)　価値の落差をつけることを挙げている．

---

## 10.5. 関連性理論とジョーク4: Yus (2008)

Yus (2008) はジョークのタイプを以下のように分類している.

Joke Type 1: Explicit interpretation questioned
（明示的解釈に関わるもの）
1. Logical form（論理形式）
2. Reference assignment（指示付与）
3. Disambiguation（あいまい性除去）
4. Concept adjustment（概念の調整）
5. Higher-level explicatures（高次の表意）

Type 2: Explicit interpretation clashing with contextual assumptions（明示的解釈がコンテクスト想定と衝突する場合）

Type 3: Implicated premises and implicated conclusions at work（作動中の推意前提，推意帰結）

Type 4: Targeting background encyclopedic assumptions（背後にある百科辞書的想定を中心に）

この Yus (2008) のものが最新の関連性理論によるジョークタイプ分類のものであるが，筆者の意見では本書で議論したように，細かくみると，表意，推意に関わるジョーク以外に，類似性に基づくジョークの考察が欠如しているのがまず問題であるし，ずれが生じるところでも，通常の解釈とばかげた解釈（推意），ばかげた想定と普通の想定のずれなど，〈異常な想定〉〈異常な推意〉〈ばかげた推意〉〈ばかげた想定〉さらに，関連性理論では演繹的に計算するなかでの，〈並行性〉を利用したジョークなどもっと，厳密な演算とジョークの仕組みを詳しく検討することが必要ということを筆者はその一部を実例を用いて，本書で，実践してみた.

## おわりに

　類似性や推論による笑いへの認知プロセスの解明を関連性理論の枠組みでどのように展開できるかを本書で試みた．関連性理論の基本用語の理解と，どのようにして人はことばのゆれを楽しむかを，できるだけ多くのジョークの用例を集め，分析することで，本書はジョーク集としても利用できるようにした．また，理論的観点からは筆者の論文と海外の論文を一部，引用することで，ことばあそびの理論化を認知語用論でどのように料理できるかを試みた．

- ジョーク (joke) の笑いとは何か？ Pun (だじゃれ)，Riddle (なぞなぞ)，Parody, Definition ジョーク，Ironical ジョーク，広告，落語，Comedy など多様な笑いを統一的に関連性理論では説明が可能．
- 話し言葉ジョーク，書き言葉 (書記法) ジョークでも，文字などのことばあそびも，類似性という概念でとらえられるので，話し言葉，書き言葉にわたり，説明が可能である．
- 類似性 (resemblance) に基づくジョークの分類とは？ 音声的，統語的，意味的 (命題形式) 類似性，通常のジョーク・メタ表示 (メタ言語的) ジョークなどである．どのレベルでも類似性は音声から意味まで広く分布していて，人間の認知の基本である．
- 日本語・英語の翻訳可能・不可能なジョークについては，類似性に基づくもの，両義性に基づくもの，いわゆる掛詞のような場合には特に英語から日本語へのジョークの翻訳はきわめて困難である．今後は，ジョーク集として，このような多様な語用論的分析のレベルを考慮し，小学生，中学生，高校生，大学生，一般と使用者を意識して，分類，収集，説明が科学的にされることにより，テキストの作成，あるいは，辞書の作成にも応用が期待される．

　今後の研究課題としては，

- 類似性と推意に基づくジョークとの違いはなにかという研究がさらに必要．
- Ethnic Joke などではそれぞれの民族の Identity あるいは Prototype の研究とも重なる研究が必要．
- Humor というより大きい範疇で，ジョークはどのような場合，どのような時に使用されるかの研究が必要．

なお，最新の Journal of Pragmatics の論文などでは裁判の際に判事が修正 (Corrective) するときにジョークの使用がされるなどの指摘もされている．

ジョークの言語使用をミクロ，マクロの語用論，認知的語用論，社会的語用論の中で，どのように位置づけるかさらなる研究が期待される．映像のジョークや，写真のジョークなど，文字情報以外にも，風刺などでは絵とか映画，映像を多用したジョークもたくさんあるが，その詳しい研究にはまた別の本の執筆が必要である．

- ジョークと談話標識：ジョークの落ちに出てくる but, yet, however については，Higashimori (2011) を参照のこと．
- ジョークとコンテクストに関しては東森 (to appear)「関連性理論とコンテクスト」『意味とコンテクスト』（ひつじ意味論講座 第6巻），澤田治美（編），ひつじ書房，を参照のこと．
- ジョークと話の展開：山口 (2009: 87) では「間接話法から直接話法へと具体化を伴う展開は，ジョーク（小咄）などのフィクションの語りにおいてもしばしば見られる」との指摘がある．ジョークの今後の研究のトピックとしてどのような展開となるかはおもしろい問題である．
- 認知言語学とジョーク，だじゃれ，なぞなぞ：山梨 (2000: 114) では「墓のない人生はハカナイ人生です」の分析があり，安原 (2002)「認知言語学と「なぞなぞ」研究——Riddle の認知プロセスを探る」『語用論研究』第4号，1-16 ではメタ言語となぞなぞの認知言語学からの分析がある．ことわざの変種に関しては Honeck and Temple (1994) "Proverbs: The Extended Conceptual Base and Great Chain Metaphor Theories," *Metaphor and Symbol*, Vol. 9, No. 2, 85-112 を参照のこと．

## コラム 26

ジョークのゆれ (Ritchie (2004: 81ff.) 'Joke Similarity and Identity' を参照)

次は同じ質問 What is black and white and red all over? に対する,さまざまな異なる答えのゆれの例である.どんどん,このように質問 – 答えのパターンも進化していることが分かる.

(i) Teacher: What is black and white and red all over?
　　 Pupil: A penguin with sunburn!
　　 Teacher: Well done! I also would have accepted **an embarrassed panda** or a nun with a nosebleed. (Howell (2003: 38))
　　 (先生: 黒くて白くて全体が赤いものなあに？
　　 生徒: 日焼けしたペンギン.
　　 先生: よくできました.先生には恥ずかしい思いをしているパンダとか鼻血がでている修道女でもいいと思うよ.)

(ii) What's black and white and red all over?
　　 **A newspaper**. (Ritchie (2004: 30))
　　 (黒くて白くて,すべて読まれるもの（赤いもの）なあに？
　　 分かりません.黒くて白くて,すべて読まれるのはなにかなあ？
　　 新聞.)

(iii) What is black and white and red all over?
　　 **A used newspaper**! (The British Assocation for the Advancement of Science (2002: 14))
　　 (黒くて白くて,すべて読まれるもの（赤いもの）なあに？
　　 古新聞.)

(iv) What's black and white and red all over?
　　 An **interracial couple** in an automobile accident. (Knott (1983: 6))
　　 (黒くて白くて,至る所が赤いものは何か？
　　 自動車事故にあった黒人と白人のカップル.)

# 参考文献

### 日本語文献

安部剛 (2010)「5 エスニックジョークは社会の温度計」『笑いを科学する：ユーモア・サイエンスへの招待』，木村洋二（編），86-87，新曜社，東京．
青木茂芳 (2000)『英語キャッチコピーのおもしろさ』大修館書店，東京．
クリストファー・ベルトン (2004)『イギリス人に学べ！ 英語のジョーク』研究社，東京．
舟津良行 (1995)『航空英語とジョーク』学生社，東京．
志水彰 (2000)『笑い／その異常と正常』勁草書房，東京．
早坂信（編）(1989)『中学生のための英語ジョーク集』開隆堂，東京．
早坂隆 (2006)『世界の日本人ジョーク集』(中央公論新書ラクレ)，中央公論新社，東京．
早瀬尚子 (2002)『英語構文のカテゴリー形成：認知言語学の視点から』勁草書房，東京．
東森勲・吉村あき子 (2003)『関連性理論の新展開』研究社，東京．
東森勲 (2006)「英語のジョークと川柳の笑いについて：関連性理論による分析」『言外と言内の交流分野：小泉保先生傘寿記念論文集』，507-523，大学書林，東京．
東森勲 (to appear)「関連性理論とコンテクスト」『意味とコンテクスト』（ひつじ意味論講座 第6巻），澤田治美（編），ひつじ書房，東京．
伊藤直哉 (1997)「異文化コミュニケーションとステレオタイプ：エスニック・ジョークの笑いの秘密」『北海道大学：異文化コミュニケーションの諸相：コミュニケーションギャップの克服に向けて』(北海道大学言語文化部研究報告叢書16)，加納邦光（編），1-38．
伊藤大幸 (2009)「感情現象としてのユーモアの生起過程」*Japanese Psychological Review* 52-54．
テリー伊藤（監修）(2005)『おかしな日本語』ロコモーション，東京．
小林章夫・チータム，ドミニク (2005)『イングリッシュ・ジョークを愉しむ』ベレ出版，東京．
小泉保 (1995)「ジョークの語用論」『言語』Vol. 24, No. 4, 85-92．
小泉保 (1997)『ジョークとレトリックの語用論』大修館書店，東京．
小泉保 (1999)「川柳の語用論」『語用論研究』創刊号，2-14．
小西友七・東森勲（編）(2004)『プラクティカル・ジーニアス英和辞典』大修館書店，東京．

Live ABC (2011)『やさしい英語で読む世界の爆笑物語: Jokes and Fun-Best 25』Jリサーチ出版, 東京.
丸山孝男 (2002)『英語ジョークの教科書』大修館書店, 東京.
丸山孝男 (2005)『英語脳はユーモア・センスから』KK ベストセラーズ, 東京.
丸山孝男 (2007)『英語ジョーク見本帖』大修館書店, 東京.
松本修 (2010)『「お笑い」日本語革命』新潮社, 東京.
三浦俊彦 (2002)『論理学入門: 推論のセンスとテクニックのために』NHK Books, 東京.
三原京 (1994)「英語のジョークに関する一考察」*Osaka Literary Review* 33, 29-41.
森真紀 (2005)『日本語ごっこ: ことばウラ世界』まどか出版, 東京.
毛利可信 (1980)『英語の語用論』大修館書店, 東京.
長野格・マーティン, デービッド (2008)『サラ川グリッシュ』講談社, 東京.
中村保男 (1987)『英語なぞなぞ集』(岩波ジュニア新書), 岩波書店, 東京.
日本漢字教育振興会 (編) (2008)『漢検学べる変換ミス3』日本漢字能力検定協会, 京都.
大島希巳江 (2006)『日本の笑いと世界のユーモア: 異文化コミュニケーションの観点から』世界思想社, 京都.
奥津文夫 (2008)『ことわざで英語を学ぶ文法・表現・文化』三修社, 東京.
酒井一郎 (2004)『英語はジョークで身につける』河出書房新社, 東京.
ウォルシュ, スティーブン (Walsh, Stephen James) (2007)『英語力よりジョーク力』草思社, 東京.
武田勝昭 (1992)『ことわざのレトリック』海鳴社, 東京.
滝沢修 (1996)「だじゃれの極意を究めたい」『朝日新聞』1996.4.26. p. 13.
豊田一男 (編) (2003)『英語しゃれ辞典』研究社, 東京.
田中哲彦 (2004)『一日一分半の英語ジョーク』宝島社, 東京.
鳥賀陽正弘 (2008)『英語がわかるアメリカ・ジョーク集』三笠書房, 東京.
内海彰 (2002)「ユーモアの鑑賞過程の認知モデルに関する一考察」『人工知能学会第16回全国大会論文集』, 1C1-08, 1-3.
Wコロン (2009)『なぞかけで「脳活」』東邦出版, 東京.
安原和也 (2002)「認知言語学と「なぞなぞ」研究——Riddler の認知プロセスを探る——」『語用論研究』第4号, 1-16.
結城実 (2002)『ダジャレ笑辞典』文芸社, 東京.
吉田徹と日本のダジャレ研究会 (2005)『おかしな日本語』ロコモーションパブリッシング, 東京.
山藤章二ほか (選) (2001)『「サラ川」傑作選: いのいちばん』講談社, 東京.
山藤章二ほか (選) (2002)『「サラ川」傑作選: にまいめ』講談社, 東京.
山藤章二・尾藤三柳・第一生命 (選) (2010)『「サラ川」傑作選: ベストテン』講談社, 東京.
山口治彦 (2009)『明晰な引用, しなやかな引用』くろしお出版, 東京.

山梨正明（2000）『認知言語学原理』くろしお出版, 東京.

## 英語文献

Abe, Goh (1999) "On Ethnic Humor—A Comparative Analysis of British Jokes about Irishmen and Irish Jokes about Kerrymen,"『徳島文理大学文学叢書』第16号, 121-142.
Allott, Nicholas (2010) *Key Terms in Pragmatics*, Continuum, London.
Alperin, Mini (1989) "JAP Jokes: Hateful Humor," *Humor* 2.4, 412-416.
Apte, Mahaadev L. (1985) *Humor and Laughter, An Anthropological Approach*, Cornell University Press, Ithaca.
Attardo, Salvatore (1993) "Violation of Conversational Maxims and Cooperation: The Case of Jokes," *Journal of Pragmatics* 19, 537-558.
Austin, John Langshaw (1962) *How to Do Things With Words*, Clarendon Press, Oxford.
Bai, Y. (2011) "Incongruity-Resolution in English Humor," *Theory and Practice in Language Studies* 1.1, 83-86.
Bezuidenhout, Anne (1997) "Pragmatics, Semantic Underdetermination and the Referential/Attributive Distinction," *Mind* 106, 375-409.
Black, Charteis (1999) "The Survival of English Proverbs: A Corpus Based Account," http://www.deproverbio.com/DPjournal/DP,5,2,99/BLACK/SURVIVAL.htm.
Blakemore, Diane (2002) *Relevance and Linguistic Meaning: The Semantics and Pragmatics of Discourse Analysis*, Cambridge University Press, Cambridge.
Blass, R. (1985) "Cohesion, Coherence and Relevance," University College London mimeograph.
Blass, Regina (1990) *Relevance Relations in Discourse: A Study with Special References to Sissala*, Cambridge University Press, Cambridge.
Bramieri, Gino (1980) *Lo Bramieri ve Racconto 400 Barzellete*, De Vecchi, Milan.
Carston, Robyn (1981) "Irony and Parody and the Use-Mention Distinction," *Nottingham Linguistic Circular* 10.1, 24-35, Nottingham.
Carston, Robyn (2002) *Thoughts and Utterances: The Pragmatics of Explicit Communication*, Blackwell, Oxford.
Chiaro, Delia (1992) *The Language of Jokes: Analysing Verbal Play*, Routledge, London.
Cowie, Anthony Paul, Ronald Mackin and Isabel R. McCaig (1983) *Oxford Dictionary of Current Idiomatic English*, Vol. 2, Oxford University Press, Oxford.
Curcó, Carmen (1995) "Some Observations on the Pragmatics of Humorous Interpretations. A Relevance-Theoretic Approach," *UCL Working Papers in*

Linguistics 7, 27-47.
Curcó, Carmen (1996) "The Implicit Expression of Attitudes, Mutual Manifestness and Verbal Humour," *UCL Working Papers in Linguistics* 8, 89-99.
Curcó, Carmen (1997) "Relevance and the Manipulation of the Incongruous: Some Explorations of Verbal Humour," *Proceedings of the University of Hertfordshire Relevance Theory Workshop*, ed. by Marjolein Groefsema, 68-72, Peter Thomas and Associates, Chelmsford.
Davies, Christie (1990) *Ethnic Humor Around the World: A Comparative Analysis*, Indiana University Press, Bloomington and Indianapolis.
Davies, Christie (2008) "American Jokes about Lawyers," *Humor* 21.4, 360-386.
Dundes, Alan (1971) "A Study of Ethnic Slurs: The Jew and Polack in the United States," *Journal of American Folklore*, Vol. 84, No. 332, 186-203.
Fine, Gary Alan and Michaela de Soucey (2005) "Joking Cultures: Humor Themes as Social Regulation in Group Life," *Humor* 18.1, 1-22.
Galiñanes, C. Larkin (2005) "Funny Fiction; or, Jokes and Their Relation to the Humorous Novel," *Poetics Today* 26.1, 79-111.
Getlen, Larry (2006) *The Complete Idiot's Guide to Jokes*, Alpha, New York.
Givón, Talmy (1995) *Funtionalism and Grammar*, John Benjamins, Amsterdam.
Halliday, M. A. K. (1994) *An Introduction to Functional Grammar*, 2nd ed., Edward Arnold, New York.
Halliday, M. A. K. and Ruquaiya Hasan (1976) *Cohesion in English*, Longman, London.
Higashimori, Isao (2008) "New Perspectives on Understanding Jokes: A Relevance-Theoretic Account,"『龍谷大學論集』471 号, 52-69.
Higashimori, Isao (2009a) "Understanding Political Jokes: Are There Any Rhetorical and Cognitive Characteristics?" *Proceedings: Selected Papers on CD-Rom* (Rhetoric in Society, University of Leiden オランダ, ライデン大学).
Higashimori, Isao (2009b) "Jokes and Metarepresentations: Definition Jokes and Metalinguistic Jokes," 2009 *LACUS FORUM CD-ROM* (2009 LACUS Conference Pitzer College アメリカ, カリフォルニア大学ピッツァーコリッジ).
Higashimori, Isao (2010) "Proverb Variation and Jokes: A Relevance Theoretic Account,"『龍谷大學論集』474/475 号, 277-288.
Higashimori, Isao (2011) "But/Yet/However in English Jokes: A Relevance-Theoretic Account," *Marqueurs Discursifs Et Subjectivitè*, ed. by Sylvie Hancil, 209-224, Universités de Rouen Et Du Havre.
Higashimori, Isao and Deirdre Wilson (1996) "Questions on Relevance," *UCL Working Papers in Linguistics* 8, 112-124.
Hirsch, G. (2011) "Redundancy, Irony and Humor," *Language Sciences* 33, 316-329.

Honeck, Richard P. and Jon G. Temple (1994) "Proverbs: The Extended Conceptual Base and Great Chain Metaphor Theories," *Metaphor and Symbol*, Vol. 9, No. 2, 85-112.

Huang, Yan (2007) Pragmatics, Oxford University Press, Oxford.

Isabel, R. (1983) *Oxford Dictionary of Current Idiomatic English*, Vol. 2, Oxford University Press, Oxford.

Jodlowiec, Maria (1991a) "What Makes a Joke Tick," *UCL Working Papers in Linguistics* 3, 241-253.

Jodlowiec, Maria (1991b) *The Role of Relevance in the Interpretation of Verbal Jokes: A Pragmatic Analysis*, Doctoral dissertation, Jagiellonian Uiversity.

Kirkup, James (1976) *Humour is International*, Asahi Press, Tokyo.

Kuno, Susumu (1987) *Functional Syntax: Anaphora, Discourse and Empathy*, University of Chicago Press, Chicago/London.

Legma, Greshon (1982) *No Laughing Matter: An Analysis of Sexual Humor*, Indiana University Press, Bloomington.

Maruyama, Takao and Jim Knudsen (2000) *A Short Course in English Jokes*, Nan'un-do, Tokyo.

Maruyama, Takao and Jim Knudsen (2003) *Party Jokes*, Nan'un-do, Tokyo.

Matsui, Tomoko (1998) "Pragmatic Criteria for Reference Assignment: A Relevance-Theoretic Account of the Acceptability of Bridging," *Pragmatics & Cognition* 6.1/2, 47-97.

Matsui, Tomoko (2000) *Bridging and Relevance*, Pragmatics & Beyond New Series 76, John Bejamins, Amsterdam/Philadelphia.

Medgyes, Peter (2002) *Laughing Matters: Humour in the Language Classroom*, Cambridge University Press, Cambridge.

Medici, Sandro (1981) *Barzrellette sui Carabinieri*, Tiger, Milan.

Mieder, Wolfgang and Alan Dundes, eds. (1981) *The Wisdom of Many Essays on the Proverb*, Garland, New York and London.

Morreall, John (2010) "Comic Vices and Comic Virtues," *Humor* 23.1, 1-26.

Muschard, Jutta (1999) "Jokes and Their Relation to Relevance and Cognition or Can Relevance Theory Account for the Appreciation of Jokes?" *Zeitschrift fur Anglistik und Amerikanistik* 47.1, 12-23.

Norrick, Neal R. (1985) *How Proverbs Mean: Semantic Studies in English Proverbs*, Mouton, Berlin, New York, and Amsterdam.

Norrick, Neal R. (1993) *Conversational Joking*, Indiana University Press, Bloomington.

Nuyts, Jan (1992) *Aspects of a Cognitive-Pragmatic Theory of Language: On Cognition, Functionalism, and Grammar*, John Benjamins, Amsterdam.

O'Grady, John (1965) *Aussie English*, Ure Smith, Sydney.

Oshima Kimie (2000) "Ethnic Jokes and Social Function in Hawaii," *Humor* 13.1, 41–57.

Pilkington, Adrian (2000) *Poetic Effects: A Relevance Theory Perspective*, John Benjamins, Amsterdam.

Reboul, Anne (1992) "How Much Am I and How Much Is She?" *Lingua* 87, 169–202.

Reboul, Anne (1997) "What (if anything) Is Accessibility? A Relevance-Oriented Criticism of Ariel's Accessibility Theory of Referring Expressions," *Discourse and Pragmatics in Functional Grammar*, ed. by J. H. Connolly et al., 91–108, de Gruyter, Berlin.

Reboul, Anne (1998) "A Relevance Theoretic Approach to Reference," paper delivered at the 2nd Relevance Theory Workshop, Luton, September.

Recanati, Francoise (1993) *Direct Reference: From Language to Thought*, Basil Blackwell, Oxford.

Ritchie, Graeme (1999) "Developing the Incongruity-Resolution Theory," *Proceedings of AISB Symposium on Creative Language: Stories and Humour*, 78–85.

Ritchie, Graeme (2004) *The Linguistic Analysis of Jokes*, Routledge, London.

Sanryu, Bitoh (1997) *Senryu: Haiku Reflections of the Times*, Mangajin, Connecticut.

Saper, Bernard (1991) "The JAP Joke Controversy: An Excruciating Psychological Analysis," *Humor* 4.2, 223–239.

Schumann, N. V. (2009) "What's So Funny? The Auditory and Verbal Skills of Humor," The New Jersey Speech-Language Hearing Conference in Atlantic City.

Speake, Jennifer (2003) *Oxford Dictionary of Proverbs*, 4th ed., Oxford University Press, Oxford.

Spector, C. C. (1992) "Remediating Humor Comprehension Deficits in Language-Impaired Students," *Language, Speech and Hearing Services in Schools* 23, 20–27.

Spencer, Gary (1989) "An Analysis JAP-Baiting Humor on the College Campus," *Humor* 2.4, 329–348.

Sperber, Dan and Deirdre Wilson (1985/1986) "Loose Talk," The Aristotelian Society, *The Proceedings New Series* Vol. LXXXVI, 153–171.

Sperber, Dan and Deirdre Wilson (1986, 1995$^2$) *Relevance: Communication and Cognition*, Blackwell, Oxford.

Sperber, Dan and Deirdre Wilson (2002) "Pragmatics, Modularity and Mind-Reading," *Mind and Language* 17.1-2, 3–23.

Suls, Jerry M. (1972) "A Two-Stage Model for the Appreciation of Jokes and Cartoons: An Information-Processing Analysis," *The Psychology of Humor:*

*Theoretical Perspectives and Empirical Issues*, ed. by Jerry H. Goldstein and Paul E. McGhee, 81-100, Academic Press, New York.

Toda, Yutaka (2003) *A Dictionary of Modern English Proverbs*, Liber Press, Tokyo.

Toyoda, Kazuo (2006) "Old Xs Never Die—Parodies of Proverbs (1)," *Tsukuba Gakuin University Kiyo*, Vol. 1, 61-70.

Weisberg, Jacob, ed. (2001) *Bushuisms: The Slate Book of the Accidental Wit and Wisdom of Our Forty-third President*, Fireside, New York.

Wilson, Deirdre (1994a) "Relevance and Understanding," *Language and Understanding*, ed. by Gillian Brown, Kirsten Malmkjær, Alastair Pollit and John Williams, 35-58, Oxford University Press, Oxford.

Wilson, Deirdre (1994b) "Tokyo Lecture Notes," July 18-21, 1994, Tokyo.

Wilson Deirdre (2000a) "Metarepresentation in Linguistic Communication," *UCL Working Papers in Linguistics* 11, 127-161.

Wilson, Deirdre (2000b) "Metarepresentation in Linguistic Communication," *Metarepresentations*, ed. by Dan Sperber, 411-448, Oxford University Press, Oxford.

Wilson, Deirdre (2004) "Relevance and Lexical Pragmatics," *UCL Working Papers in Linguistics* 16, 343-360.

Wilson, Deirdre and Robyn Carston (2006) "Metaphor, Relevance and the 'Emergent Property' Issue," *Mind & Language*, Volume 21, Issue 3, 404-433.

Wilson, Deirdre and Dan Sperber (1988) "Representation and Relevance," *Mental Representations*, ed. by Ruth Kempson, 133-153, Cambridge University Press, Cambridge.

Wilson, Deirdre and Dan Sperber (1998) "Mood and the Analysis of Nondeclarative Sentences," *Pragmatics: Critical Concepts*, Vol. II, ed. by A. Kasher, 262-289, Routlesge, London.

Wilson, Deirdre and Dan Sperber (1992) "On Verbal Irony," *Lingua* 87, 53-76.

Wilson, Frank Percy (1970) *The Oxford Dictionary of English Proverbs*, 3rd ed., Oxford University Press, Oxford.

Yamaguchi, Haruhiko (1988) "How to Pull Strings with Words. Deceptive Violations in the Garden-Path Joke," *Journal of Pragmatics* 12, 23-337.

Yus, Francisco (1997) "La Teoría de la Relevancia y la Estrategia Humorística de la Incongruencia-Resolución," *Pragmalingüística* 3.4, 497-508.

Yus, Francisco (1998) "A Decade of Relevance Theory," *Journal of Pragmatics* 30, 305-345.

Yus, Francisco (2002) "Stand-up Comedy and Cultural Spread: The Case of Sex Roles," Babel A.F.I.A.L., *Special Issue on Humor Studies* 245-292.

Yus, Francisco (2003) "Humor and the Search for Relevance," *Journal of Pragmatics* 35, 1295-1331.

Yus, Francisco (2008) "A Relevance-Theoretic Classification of Jokes," *Lodz*

*Papers in Pragmatics* 4.1, 131-157.
Zabalbeascoa, Patrick (2005) "Humor and Translation—an Interdiscipline," *Humor* 18.2, 185-207.

## 辞 書

*Oxford Dictionary of Current Idiomatic English*, Vol. 2, Oxford University Press, 1983.
*The Oxford Dictionary of English Proverbs*, 3rd ed., Oxford University Press, 1970.
*The Oxford Dictionary of English Proverbs*, 4th ed., Oxford University Press, 2003.

### Joke Books（本文用例で用いたもの）

Archibold, Tim, Mik Brown and Tania Hurt-Newton (1999) *Ha! Ha! Ha! Ha!*, Kingfisher, Boston.
The British Assocation for the Advancement of Science (2002) *Laughlab: The Scientific Quest for the World's Funniest Joke*, Arrow Books, London.
Brown, Carrie (2005) Lots o' Riddles: *Good Clean Fun for Everyone*, Barbour Publishing, Ohio.
Brown, Judy (2003) *Jokes to Go*, Andrews McMeel, Kansas City.
Chambers, Gray (1980) *The Second Complete Irish Gas Book*, Star, Ireland.
Charney, Steve (2008) *Mr. Potato Head: Unside Down Joke World*, Sterling, New York.
Cloutier, James (1981) *The Great Texas Joke Book*, Image West Press, Eugene, OR.
Collis, Harry (1996) 101 *American English Riddles: Understanding Language and Culture through Humor*, Passport Books, New York.
Colombo, John Robert (2003) *The Penguin Book of More Canadian Jokes*, Penguin Canada, Toronto.
Copeland, Lewis and Faya, ed. (1997) *Think Before You Laugh: From 10,000 Jokes, Toasts & Stories*, Eichosha, Tokyo.
DeFord, Deborah (1997) *Reader's Digest Laughter, The Best Medicine*, Reader's Digest, New York.
Driscoll, Michael, ed. (1990) *3650 Jokes Puns & Riddles*, Black Dog & Leventhal, New York.
Dunn, S. K. (2007) *Just Joking: 1,001 Jokes to Crack You Up*, Scholastic, New York.
Exley, Helen (1998) *A Chuckle of Kids Jokes*, Exley, Herts.
Fechtner, Leopold (1979) *5000 One- and Two-Line Jokes: The A-Z of Snappy Sure-Fire Humour on 250 Popular Topics*, Thorsons, London.

Glyles, Brandreth (1980) *The Super Joke Book*, Sterling, New York.
Harris, Nick (2010) *An Englishman, an Irishman, and a Scotsman: A Mammoth Compedium of the Best Jokes, Gags and Oone-liners*, Michael O'Mara Books, London.
Hershkowitz, Howard (2004) *101 Canadian Jokes*, Scholastic, New York.
Hopkins, Jerry, ed. (2006) *The Da Lima Code (Formerly Frank Delima's Joke Book)*, Bess Press, Honolulu.
Howell, Laura (2003) *The Usborne Book of School Jokes*, Usborne, London.
Jarsz, Hugh (2007) *More than 3,000 Great Jokes: Laugh Cackle & Howl*, Carlton Book, London.
Keller, Charles (1996) *Awesome Jokes*, Sterling, New York.
Keller, Charles (1998) *Best Joke Book Ever*, Sterling, London.
Keller, Charles (2003) *Best Joke Book Ever*, Sterling, New York.
Keller, Charles (2007) *Super Silly Riddles*, Sterling, New York.
Kim, Paul Sonny (2002) *Move Your Mind!*, NOVA, Tokyo.
Kirkup, James (1976) *Humour Is International*, Asahi Press, Tokyo.
Knott, Blanche (1983) *Truly Tasteless Jokes Two*, Ballantine Books, New York.
Kobayashi, Akio and Dominic Cheetham (2005) *Enjoy English Jokes*, Bere Shuppan, Tokyo.
Kostick, Anne, Charles Foxgrover and Michael J. Pellowski (1990) *3650 Jokes, Puns & Riddles*, Black Gog & Leventhal, New York.
Lanai and Augie (2001) *Lanai & Augie's Joke of the Day*, Lolo Publishing, Honolulu.
Harris, Nick (2010) *An Englishman, An Irishman, and a Scotsman.: A Mammoth Compendium of the Best Jokes, Gags and One-liners*, Michael O'Mara Books, London.
MacHale, Des (1984) *More of The World's Best Irish Jokes*, Angus & Robertson, London.
MacHale, Des (1988) *The World's Best Scottish Jokes*, Angus & Robertson, London.
Macklin, Pat and Manny Erdman (1976) *Polish Jokes*, Patman, New York.
Menchin, Robert (1997) *101 Classic Jewish Jokes: Jewish Humor from Groucho Marz to Jerry Sinfeld*, Mustang, Memphis, TN.
Minkoff, David (2005) *The Ultimate Book of Jewish Jokes*, Robson, London.
Mr. "O's" (1983) *The World's Best Irish Jokes*, Angus & Robertson, London.
O'Connor, Erin (2005) *101 Cool Canadian Jokes*, Scholastic, New York.
Pease, Allan (2004) *The Bumper Book of Rude and Politically Incorrect Jokes*, Pease International, Queensland, Australia.
Pickering, David (2006) *Pocket Jokes*, Penguin Books, London.

Random House Children's Books (2000) *The Funniest Joke Book In the World Ever!*, Red Fox, London.
Rissinger, Matt and Philip Yates (1999) *Greatest Jokes on Earth*, Sterling, New York.
Royhouse, Oliver (2003) *More of the World's Best Humour*, Summit Press, Victoria.
Sanjit, Saha (2003) *Irish Jokes*, Powerfresh, Northampton.
Sinclair, John (2001) *Collins Cobuild English Dictionary for Advanced Learners Dictionay*, 3rd ed., Collins, Birmingham.
Spector, C. C. (1992) "Remediating Humor Comprehension Deficits in Language-Impaired Students," *Language, Speech and Hearing Services in Schools* 23, 20-27.
Sukach, Jim, Hy Cobradm Stan Smith, Derrick Niederman, Tom Bullimore and Falcon Travis (1996) *Whodonit Myteries*, Sterling, New York.
Tibballs, Geoff, ed. (2009) *The Mammoth Book of Best New Jokes: Over 600 Pages of Riotously Funny New Puns, Gags, and One-liners*, Constable & Robinson, London.
TOP THAT! (2002) *Trific Jokes*, Top That!, Suffolk.
Yoe, Craig (2001) *Mighty Big Book of Jokes: Over 1000 Jokes*, Price Stern Sloan, New York.
Weisberg, Jacob, ed. (2001) *George Bushisms*, Fireside, New York.

*A Chuckle of Kids Jokes*, Exley (1998)
*E-Tales 2*, Cassell (2001)
*Irish Jokes*, Powerfresh (2003)
British National Corpus: http://www.natcorp.ox.ac.uk/
COBUILD DIRECT: http://titania.cobuild.colins.co.uk/form.html
Internet Movie Database: http://www.imdb.com/
Longman Dictionary of Contemporary English online
http://www.ldoceonline.com/dictionary/
Cambridge Dictionaries Online
http://dictionary.cambridge.org/dictionary
United Kingdumb: Idiots from the British Isles. (2010, Andrews McMeel Publishing)

## ジョークの本の分類

〈Jewish Jokes〉
Eliezer, Ben (2003) *Jewish Humour*, Prion, London.
Menchin, Robert (1997) *101 Classic Jewish Jokes: Jewish Humor from Groucho Marx Seinfeld*, Mustang, Menphis, TN.
Minkoff, David (2005) *The Ultimate Book of Jewish Jokes*, Robson, London.

Telushkin, Rabbi Joseph (2002) *Jewish Humor: What the Best Jewish Jokes Say about the Jews*, Perennial, New York.

⟨Hawaiian Jokes⟩
Lanai and Augie (2001) *Joke of the Day*, LOLO, Honolulu.

⟨Scottish Jokes⟩
MacHale, Des (1988) *World's Best Scottish Jokes*, Angus & Robertson, London.

⟨Irish Jokes⟩
MacHale, Des (1984) *More of The World's Best Irish Jokes*, Angus & Robertson, London.
Mr. "O's" (1983) *The World's Best Irish Jokes*, Angus & Robertson, London.
Saha, Sanjit (2003) *Irish Jokes*, Powerfresh, Northampton.

⟨Aussie Jokes⟩
Fahey, Warren (2007) *The Big Fat Book of Aussie Jokes*, Harper Collins, Sydney.

⟨New Zealand (=Kiwi) Jokes⟩
Plowman, Sonya, ed. (2001) *Great Kiwi Jokes*, Summit Press, Auckland.
Plowman, Sonya, ed. (2002) *More Great Kiwi Jokes*, Summit Press, Auckland.
Power, Katrina (1996) *Favourite New Zealand Jokes about Australians*, REED, Auckland.

⟨Canadian Jokes⟩
Colombo, John Robert (2003) *The Penguin Book of More Canadian Jokes*, Penguin Canada, Toronto.
Hershkowitz, Howard (2004) *101 Canadian Jokes*, Scholastic, New York.
O'Connor, Erin (2005) *101 Cool Canadain Jokes*, Scholastic, New York.
Stanbridge, Joanne (2003) *Famous Dead Canadians*, Scholastic, New York.

⟨Texas Jokes⟩
Cloutier, James (1981) *The Great Texas Joke Book,* Image West Press, Oregon.

⟨Polish Jokes⟩
Ives, David (2004) *Polish Joke and Other Plays*, Grove Press, New York.

⟨Latin Jokes⟩
O'Mara, Lesley (1999) *Laughable Latin: Witty Latin Phrases for All Occasions*,

Michael O'Mara Books, London.

⟨Cab Driver's Jokes⟩
Pietsch, Jim (1986) *The New York City Cab Driver's Joke Book*, Warner Book, New York.

⟨E-Jokes⟩
Carr, Richard (2001) *More and The Best & Worst of Internet Humour: E-Tales Two*, Cassell, London.
TOP THAT! (2002) *Trific Jokes*, Top That!, Suffolk.
Webster, Jon and Nick Davis (2005) *The World's Greatest EMAIL JOKE BOOK*, John Blake, London.

⟨Kids Jokes⟩
Anderson, Scoular (1986) *My First Joke Book*, Young Corgi, London.
Barry, Sheila Anne (1993) *Kid' Funniest Jokes*, Sterling, New York.
Charney, Steve (2005) *Kids' Kooliest Riddles*, Sterling, New York.
Dahl, Michael (2001) *The Everything Kids Joke Book*, Adams Media, Avon, MA.
Exley, Helen (1998) *A Chuckle of Kids Jokes*, Exley, Herts.
Keller, Charles (2000) *Kids' Funniest Knock-Knocks*, Sterling, New York.

⟨School Jokes⟩
Howell, Laura (2003) *The Usborne Book of School Jokes*, Usborne, London.
Perret, Gene, Joseph Rosenbloom, Meredith Berk and Toni Vavrus (2001) *Super Silly School Jokes*, Sterling, New York.
Rosenbloom, Joseph (1986) *696 Silly School Jokes and Riddles*, Sterling, New York.

⟨Riddles⟩
Brown, Carrie (2005) *Lots o' Riddles: Good Clean Fun for Everyone*, Barbour, Ohio.
Charney Steve (2005) *Kids' Kooliste Riddles*, Sterling, New York.
Collis, Harry (1996) *101 American English Riddles: Understanding Language and Culture Through Homor*, Passport Books, Chicago.
Horsfall, Jacqueline (2002) *Kids' Silliest Riddles*, Sterling, New York.
Keller, Charles (1997) *Best Riddle Book Ever*, Sterling, New York.
Keller, Charles (2001) *Goofy Jokes and Giggles*, Sterling, New York.
Keller, Charles (2007) *Super Silly Riddles*, Sterling, New York.
Kim, Paul Sonny (2002) *Move Your Mind* (なぞなぞ英語), NOVA, Osaka.
Pellowski, Michael J. (2005) *Joke and Riddle Jackpot*, Sterling, New York.

Pierce, Terry (2004) *Greatest Goofiest Jokes*, Sterling, New York.
Rosenbloom, Joseph (1976) *Biggest Riddle Book in the World*, Sterling, New York.
Rosenbloom, Joseph (1996) *A Little Giant Book: Riddles*, Sterling, New York.
Tait, Chris (2002) *Ridiculous Riddles*, Sterling, New York.
Tait, Chris, Jacqueline Horsfall and Morrie Gallant (2007) *Super Silly Riddles*, Sterling, New York.

〈Giggles〉
Keller, Charles (2001) *Giggles*, Sterling, New York.
Rosenbloom, Joseph (1987) *Giggles, Gags & Groaners*, Sterling, New York.
Rosenbloom, Joseph (2007) *Laughs, Hoots, Giggles*, Sterling, New York.

〈Knock Knock Jokes〉
Myers, Robert (1995) *365 Knock-Knock Jokes*, Sterling, New York.

〈Doctor Jokes〉
Karole, Dr. Raja (1984) *The World's Best Doctor Jokes*, HarperCollins, London.
TOP THAT! (2007) *Doctor, Doctor Jokes*, Top That!, Suffolk.

〈Sick Jokes〉
Manuel, Rob (2009) *Seriously Sick Jokes*, Ulysses Press, Berkeley, CA.

〈One-liner Jokes〉
Allen, Frank (2008) *The Book of Great Funny One-Liners*, New Holland, Sydney.
Fechtner, Leopold (1979) *5000 One- and Two-Line Jokes*, Thorsons, London.
Hunter, Jenny (2006) *The Book of Great One-Liners*, New Holland, Sydney.
Murray, Mitch (1997) *Mitch Murray's One-Liners for Speeches on Special Occasions*, Foulsham, Berkshire.
Phillisps, Dave (2005) *3000 Jokes, Quips, and One-Liners*, Magpipe Books, London.

〈After Dinner Jokes〉
Exley, Helen (1991) *A Feast of After Dinner Jokes*, Exley, New York.
Howe, Gerry (2003) *The Most Hilarious After Dinner Jokes and Stories*, PPGS, London.

〈Bishop's Jokes〉
Aprem, Dr. Mar (1988) *Laugh with Bishop: A Collection of Bishop's Joles and Others*, Better Yourself Books, Bombay.

⟨Golf Jokes⟩
Exley, Helen, ed. (1990) *A Round of Golf Jokes*, Exley, New York.

⟨Rugby Jokes⟩
Volke, Gordon (2007) *The Wags Little Book of Rugby*, Ravette, West Sussex.

⟨Salesman Jokes⟩
Gurney, John (1991) *The World's Best Salesman Jokes*, Fontana, London.

⟨Mother-In-Law Jokes⟩
MacHale, Des (1987) *The World's Best Mother-in-Law Jokes*, Angus & Robertson, London.

⟨Pub Jokes⟩
Flanders, Julian, ed. (1998) *The Best Pub Joke, Book Ever! 2*, Carlton, London.
Mullet, John (2002) *The Best Pub Book; Over 2000 Jokes*, Carlton, London.

⟨Beach Bar Jokes⟩
Mullet, John (2006) *The Best of Beach Bar Jokes*, Carlton, London.

⟨Motoring Jokes⟩
Phillips, Edward (1991) *The World's Best Motoring Jokes*, Angus & Robertson, London.

⟨Acting Jokes⟩
Forbes, Ernst (1990) *The World's Best Acting Jokes*, Angus & Robertson, London.

⟨Stand-Up Comedy⟩
Colting, Fredrik and Carl-Johan Gadd (2008) *Stand-up: The World's Funniest Quotes*, NICOTEXT, Stockholm.
Double, Oliver (2005) *Getting the Joke: The Inner Workings of Stand-Up Comedy*, Methuen, London.

⟨Silly Jokes⟩
Grambs, Alison (2003) *Totally Silly Jokes*, Sterling, New York.
Howell, Laura (2003) *The Usborne Book of Silly Jokes*, Usborne Book, London.

⟨Dirty Jokes⟩
Mr "J" (1994) *The World's Best Dirty Jokes*, HarperCollins, London.

Mr "J" (1981) *Still More of the World's Best Dirty Jokes*, Angus & Robertson, London.
Milklem, Lara (2004) *The Dirty Girl's Joke Book*, Carlton, London.

〈Worst Jokes〉
Storey, Tom and Sean Gilroy (1968) *The World's Worst Jokes*, Wolfe, London.

〈Filthy Jokes〉
Oxbent, Mike and Harry P. Ness (2005) *The Untimate Book of Filthy Jokes*, Robson, London.

〈Awesome Jokes〉
Coupe, Peter (2008) *Awesome Joke Book*, Arcturus, London.

〈Rude Jokes〉
Coote, George (1995) *The Seriously Rude Joke Book*, Gap, Queensland.

〈Clean Jokes〉
Phillips, Bob (1998) *The World's Collection of Clean Jokes*, Harvest House, Oregon.
Troyer, Connie (2006) *the 365 Day Clean Joke Book*, Barbour, New York.

〈Cool Jokes〉
Singleton, Glen (2004) *1001 Cool Jokes*, Hinkler Books, Heatherton, VIC.

〈Dog Jokes〉
Schwalb, Suszanne (2009) *The Little Black Book of Dog Jokes*, Peter Pauper Press, New York.

〈Woman Jokes〉
Rose, Silver (1995) *Women Who Joke Too Much*, Perigee, New York.
Perier, Sue (2002) *Jokes Women On Top!*, Strathearn, Berkshire.

〈Man Jokes〉
Silverman, Jeff and Lawrence Morgenstern (2003) *Jokes Men Only Tell Other Men*, ECW Press, Tornoto.

〈Bushism〉
Loew, Mike (2009) *Thanks for the Memories, George*, Three Rivers Press, New

York.

Rosen, R. D, Harry Prichett and Rob Battles (2006) *Bad President*, Woman Publishing, New York.

Ruprecht, Tom (2007) *George W. Bush: An Unauthorized Oral History*, Andrews McMeel, Kansas City.

Weisberg, Jacob, ed. (2001) *George Bushisms*, Fireside, New York.

Weisberg, Jacob, ed. (2007) *George W. Bushisms for The Farewell Tour*, Pocket Books, London.

〈ジョーク集〉

Adams, Phillip and Partice Newell (2004) *The World of Joke Book*, Penguin Books, Vicoria.

Arnott, Stephen and Mike Haskins (2004) *Man Walks into a Bar*, Ebury Press, London.

Brown, Judy (2003) *Jokes to Go*, Andrews McMeel, Kansas City.

Chatterton, Martin (2004) *A Joke A Day*, Kingfisher, Boston.

Driscoll, Michael, ed. (1990) *3650 Jokes Puns & Riddles*, Black Dog & Leventhal, New York.

Dunn, S. K. (2007) *Just Joking!*, Scholastic, New York.

Greene, Mel (1999) *The Greatest Joke Book Ever*, Harper, New York.

Keillor, Garrison (2005) *Pretty Good Joke Book*, Highbridge, Minneapolis.

Rosenbloom, Joseph (1978) *The Gigantic Joke Book*, Sterling, New York.

Jarsz, Hugh (2007) *Laugh, Cracke & Howl*, Prion, London.

Swan, Jonathan (2007) *Man Walks into a Bar 2*, Ebury Press, London.

Tibballs, Geoff, ed. (2009) *Best New Jokes*, Running Press, London.

Tibballs, Geoff, ed. (2000) *The Mammoth Book of Humor*, Running Press, London.

Tibballs, Geoff, ed. (2006) *The Mammoth Book of Jokes*, Running Press, London.

〈個人名の入ったジョーク集〉

Berle, Milton (1989) *Milton Berle's Private Joke File*, Three Rivers Press, New York.

Harry Hill (2008) *Harry Hill's Whopping Great Joke Book*, Faber and Faber, London.

Hodgman, John (2008) *The MsSweeney's Joke Book of Book Jokes*, Vintage Books, New York.

Koch, David (2007) *Kochie's Best Jokes 2*, Wilkinson, Melbourne.

Koch, David (2008) *Kochie's Best Jokes 3*, Wilkinson, Melbourne.

The Bathroom Readers' Institute (2004) *Uncle John's Book of Fun*, Bathroom Readers, Oregon.

〈ユーモラスな引用例〉

Metcalf, Fred (1986) *The Penguin Dictionary of Modern Humorous Quotations*, Penguin, London.

Sherrin, Ned (1995) *Oxford Dictionary of Humourous Quotations*, Oxford University Press, Oxford.

〈ジョークに関する言語学の本〉

Attardo, Salvatore (1994) *Linguistic Theories of Humor*, Mouton, New York.

The British Association for the Advancement of Science (2002) *The Scientific Quest for the World's Funniest Joke: "Laugh" LAB*, Arrow Books, New York; Black Dog & Leventhal, London.

Dougherty, Barry and H. Aaron Cohl, ed. (1997) *The Friars Club Encyclopedia of Jokes*, Black Dog & Leventhal, New York.

Ford, Martyn and Peter Legon (2003) *How to Be British Collection*, Lee Gone, Brighton.

Getlen, Larry, ed. (2006) *The Complete Idiot's Guide to Jokes*, Alpha, New York.

Ochs, Steve (2007) *National Lampoon Jokes Jokes Jokes*, National Lampoon, Los Angeles.

Ritchie, Graeme (2004) *The Linguistic Analysis of Jokes*, Routledge, London.

Weizman, Ilana, Eva Blank, Alison Benjamin and Rosanne Green, eds. (2006) *Jokelopedia*, Workman, New York.

## 索　引

1. 日本語はあいうえお順，英語で始まるものと人名索引はABC順で並べた．
2. 数字はページ数を示す．

## 専門用語など

### [あ行]

あいまい性の除去　7
アイルランド人　89
アイロニー　15, 53
アドホック概念形成　6, 66, 131, 170
アフリカ系アメリカ人　116
アメリカ人　114
イギリス人　85
イタリア人　112
1行のジョーク　2
イディオム　55, 65, 140
意図明示的　28
意味的類似性　54
意味領域　66
異分析　51
エスニックジョーク　2, 83
オーストラリア人　114
おおげさな表現　33
置き換え　165, 166, 171
おやじギャグ　57
音声的類似性　41, 63, 76, 78, 126, 181

### [か行]

概念　17
　概念のずれ　67
　概念を狭くする　14
　概念を広くする　14, 170
拡張　165, 166, 171
仮言三段論法　34
カナダ　126
烏川耕一　61
完全な文でない発話　11
関連性　27, 28
関連性理論　6
　関連性理論の原則1（認知原則）　28
　関連性理論の原則2（伝達原則）　28
機能主義　147
基本レベルの表意　7
疑問代名詞，疑問副詞　155, 156, 157
句レベルの類似性　53
形態論　138
語彙化（記号化）された概念　14
語彙語用論　6, 66
広告　173
高次レベルの表意　19
心を読むモジュール　29
子供の言語　57
子供の作ったジョーク　2
ことわざ　55, 66, 163, 171, 172
　ことわざの変種　163
コマーシャル　55
ゴルフに関するジョーク　2
語レベルの分析　65
コンテクスト効果　27
コンテクストとして選び出し　27

255

[さ行]

最大の関連性　28
最良の関連性　28
三段論法式　27
指示付与　147
島木譲二　62
島田一の介　61
社会の温度計　83
修辞疑問文　37
自由な語用論的拡充　13
首尾一貫性　147
ジョークの説明原理　223
省略　165, 166
処理労力　27, 170
推意　23, 68, 131, 169
　　推意帰結　22, 28
　　推意前提　22
数量化した　40
末成由美　61
スコットランド人　98
ステレオタイプ　84, 86, 87, 88
スプーナリズム SPOONERISM　49, 139
スペル　139
ズレの理論　223
川柳　63
想定　23

[た行]

ダイアナ妃のジョーク　2
対偶法　10, 25, 35
代名詞の指示付与　152
多義性　65
だじゃれ　2, 231
知識　25
　　知識に基づくジョーク　5

中央 対 周辺　83
辻本茂夫　60
定冠詞 the　158
定記述　151
定義のジョーク　2, 130, 132
テキサス　118
同音異義語　46, 64
統語的類似性　49, 64, 77, 79, 127, 168

[な行]

なぞなぞ　2, 138
日本語訳　180
日本人　115
人間の内的システム　29
認知　40
　　認知効果　28
認知語用論　iii
ねづっち　4
ノックノックジョーク　2, 43

[は行]

俳句　64, 65
ばかげた推意　32
ばかげた想定　30, 80
発話　7
発話行為　20
発語内行為　20
パロディー　53, 65, 140, 173-177
ハワイにおけるジョーク　85, 119
反意語　165, 166, 172
比較に基づく　40
非明示的　22
百科辞書的項目　17
表意　7, 23
二人のローニー（The Two Ronnies）　140

ブッシュ大統領　78
文レベルの類似性　52, 64
並行処理　35, 68
変換間違い　48
弁護士のジョーク　2, 17
ポーランド人　110
放出の理論　223
飽和　9
ポリティカル・ジョーク　2, 71

[ま行]

マジ　14
漫画　2
矛盾する想定　34
明示的な　7
命題　27
命題内容の類似性　54, 78, 80, 127
メタ言語　5, 182
メタ表示　130, 133

[や，ら，わ行]

ユーモア　2
優越の理論　223
ユダヤ人　105
吉本の笑い　60
領域固有性　28
ルースにする　14, 170
類似した意味領域　66
類似性　6, 63, 76
ロシア人　85
論理形式　7
論理的項目　13

[英語]

ACRONYM（頭文字）　131
AERAの一行広告　62
Blalla（ハワイ人男性）　119
Buddah Head（日系人）　120
BukBuk（フィリピン人）　120
Dynamic syntax　11
e-mailに関するジョーク　2
Haole（アングロサクソン人）　120
JAP　107
Pake（中国人）　120
Portagee（ポルトガル人）　119
Sole（サモア人）　120
Tida（ハワイ人女性）　119
Yobo（韓国人）　120

**例文中の英語表現**

A

Abbreviation　185
a bird in the hand ... worth two in the bush　140
a lot of people under you　72
above　183
absence　9
across　185
adore　185
advice　185
afraid　185
airport　130
Alabama　119
Alberta　128
All that glitters　166
always　186
American　114
analyze　42
analyzation　79
angry　132
another language　26

apple   186
Arkansas travel agent   118
army afraid   44
ash   186
assault   186
astronaut   41, 44
ate   195
atmosphere   187
Aussie   115
Australia   54
avoid   172

**B**

"B"   136
B-1   73
baa-baa   181
baby   25
bagpipes   102
balance   187
ball   47, 187
bank   181, 187
barber shop   33
bark   187
barking lot   43
bear-foot   126, 138
BED COLLAPSES   102
beer   115
before   188
bicycle   41
big   188
Big Apple, The   16
bird   188
bison   188
black key   31
black kid   118
Blood is thicker than water   170
boiled egg   91
boring   188

both of them   159
bowl   188
bowl of soup, a   12
brain   189
bread   169
breakfast   137
breast-feed   110
brief   189
broken   4
Buddha Head   120
bull dozer   51
bullet-proof vest   122
burn   189

**C**

call   189
call me a taxi   49
call me an elevator   112
Camelot   51
Canada's first prime minister   128
Canadian history   128
capital   139, 189
castanet   189
cats and dogs   190
cause   190
cell   46
cell phone   190
cereal killer   214
charge   8
cheap, cheap   122
cheapest time to call, the   25
chicken   18, 92
chocolate   190
chop   191
chiropractor   184
club   191
cold shoulder, the   127
computer   30

connection   191
cool   191
cost   191, 192
crane   192
crime doesn't pay   210
criminal record   115
crack up   124
crawl   192
croak   192
curling   126

**D**

dam   41, 181, 192
dead   192
Declaration of Independence   12
deer   192
Democrats and Republicans   75
depend   193
diarrhea   117, 136
dictionary   136, 137
die   3, 193
die (of cancer)   13
dim   193
dock   193
doctor   183
Don't mention it   55
doze   51, 194
draft   71
drawing room   194
dress   194
dribble   194
drink   194
driver   2
driver's license   195
dry   194
dying to, be   50
Dublin   94
during   195

**E**

early bird, the   171
easy   11
eat   195
El Paso   119
electric chair   95
electricity   137
elephant   49
else   195
emotionality   79
empty glass   171
envelope   138
eve   195
experience   195
explosive   96

**F**

fairy tale   196
fallacy   78
familiarity breeds   169
family   196
famous linguist, a   94
fantastic picture   81
fastest way to get a man's heart, The   170
feet   5
fence   156
figure out   196
finality had finally   79
Finland   196
fish   196
flag   127
flea   196
flee   182
flood   197
flu   182, 197
flute   116
fly   19, 197

fly south   128
follow   197
foot   197
for   197
fortune-teller   30
foreign affairs   71
forget   198
four candles   141
four-letter words   5, 137
fresh hair   42
Ford   72
forgetting your wife's birthday   56
free   198
frog   30
full name   198
fund   198
funny beast and bunny feast   139
fur coat   54

**G**
GARAGE SALE   125
general   183
genius   109, 198
get   198
girl born on 29 February, a   99
give up   198
given   199
go   199
good   15
good-bye   172
green   199
grind   200

**H**
Halloween   182, 200
handcuff   200
haoles   123
hat trick   126

hated   109
have   200
he or her   79
head   200
heart   200
heaven and hell   86
here and there   135
hide   200
high   201
history of Polack culture   111
history professor   24
hoarse   48
hole   201
hole work   41
holiday   201
Home, home on the plane   57
homing pigeon, a   99
honey   9
hospital   36
human being and fish, the   81
Hurry Truman   76
Humanitarian   201

**I**
I can't find words   8
If I'm the president   80
ignorance and indifference   133
ignorance is really bliss   94
imaginary   201
in pieces   13
in 10 minutes   9
in the window   50
inch   8
income   202
inflation   109
instead   202
insurance   130
interracial couple   235

invent  202
Ireland's plan to land a man on the sun  90
Ireland's plan to send a manned rocket to the sun  90
Is our children learning  79
I.R.A.  96
Irish abortion clinic  95
Irish pirate  92
Irish wedding  96
Irishmen  91, 95
Italian godfather  113

**J**
jam  202
Japanese fan  100
Johnny Walker  104
jump over  92
June bribe  76
Jungle Bells  42
Just a minute  96
Just a moment  95
Just to say good-bye  169

**K**
keep  202
kernel  124
kidnap  131
kiss  25
knead  202
knife  100
knight  203

**L**
ladder in her stocking, a  46
ladybird  183
land of promise  74
late  203

laugh  203
lawyer  17
lay  203
leaf  44
lecture  203
leek  203
letter  204
level  204
lie  35, 204
life  204
life insurance  171
like  204
lighthouse  156
lion  228
long one, a  99
lost balls  100
love at first sight  184
lying  33, 74

**M**
make the (economic) pie higher  80
mad bunny and bad money  139
maddah  124
Mafia  74
make both ends meet  55
mall  32
many dentists in Scotland  99
many questions  133
Mississippi  135
Mokes  122
monkey  134, 227
muffler  126
my eye hurts  127

**N**
NASA  131
Neapolitan  113
neck  43

new garage   32
newspaper   235
nigger   117
911   26
Nixon   81
nightwatchman and butcher   133
no eyes   135
No idea   44
Nonsense   167
nothing   133
My nose is running   54

**O**
O's   143
oatmeal   103
occidents   167
"Once upon a time ...?"   77
on the rocks   56
100 cents   5
opening time   46
out of sight   54
out of mind   54
outside   134

**P**
P's   145
Paddy   97
pail   47
pain in his eye   93
Pake   122
panda   235
past is over, the   80
pay   38
peach   18
penal tea   134
perfect   183
pigloo   126
piano department   102

PICTURE OF DUBLIN AT NIGHT, A   93
pig   18
pigeons   117
plug   142
pizza   93, 111
Portagees   121
Poland   111
Polish abortion clinic   111
play doctors   63
play it cool   52
Polack joke   121
political saying   73
politician   75, 211
politics   35, 81
porter   91
President Bush   82
priest   155
principal   36, 161
properties in Hawaii   120
pump   145
pupil   15
pyjamas   159

**Q**
quack   182

**R**
raincoat   54
raining cats and dogs   56, 172
rattlesnake   118
Ready, steady, glow   42
Reagan   81
repetition   132
revolving door   121
rheumatism   77
rich milk   181
ride   128

run a mile   166
run for office   72

## S

scholar ship   134
Scotch egg   103
Scottish national football team, the   105
Scotsman   101
Scotsmen   33
season   38
second one, the   155
senator   34
she said nothing   16
shark   17
shy   132
Silence is golden   172
single   48
sits next to the fans   127
sleep   35
smallest house, the   34
smiles   136
smoking   173
snow   128
snowball   128
snow tire   110
soap   111
spider   20
spinach   37
spread tale   47
Springfield   101
starfish   136, 217
starvation   100
statesman   75
stay awake   133
stone house   169
suffering   137
synthetic   166

## T

talk through   78
tall tale   47
tap dance   92
television   131
temperance lecture   104
terriers and barriffs   78
There's a fly in my soup   19
thumb   21
tiny step   121
Toby or not Toby that is the question   140
toe   130
too tired   41
toothpaste   124
traffic jam   17
train   113
trumpet   134
trunk   47
turn over a new leaf   56
20 below zero   157
TV, or not TV   52
two taxis   101
two channels   29

## U

ugliest baby, the   159
undertaker   97
United Kingdumb   45

## V

vampire   17, 31
Vancouver   128
Vatican   103
vegetarian   122
venomous snake   23

## W

wait a minute　31
walk back from London　101
watch　156
watches the sea and sees the watches　139
washer　146
Washington　81
weak days　48, 157
wife's birthday　25
wild animal　39
when in Rome　166
where　156, 157
who discovered America　12, 155
whisky　104
William mind　44
with mustard　53
with pleasure　53
worthless　117

## Y

yellow　183
Yobo　123
You don't look Jewish　81

## 人　名

安部剛　83
Allen, Woody　106
Austin, John Langshaw　20

ベルトン，クリストファー　85
Bezuidenhout, Anne　151
ダ・ブラダス (Da Braddhas)　86
Blakemore, Diane　iv
Blass, Regina　iv
キャバング，メル (Mel Cabang)　86

Carston, Robyn　28
Clark, Billy　iv
Curcó, Carmen　225

Dangerfield, Rodney　107
Davies, Christie　83
デリーマ，フランク (Frank De Lima)　86

Givón, Talmy　150
Groefsema, Maria　iv

Halliday and Hasan　150
東森勲 (Higashimori)　234
早坂隆　85

Ifantidou, Elly　iv
Itani, Reiko　iv

Jodlowiec, Maria　231

Kempson, Ruth　11
小泉保　iv
小西友七　iv

Marx Brothers, The　107
Matsui, Tomoko　iv
三浦俊彦　24
毛利可信　20
Muschard, Jutta　226

西山佑司　iv
Nuyts, Jan　150

大島希巳江　85

Pilkington, Adrian　229

Reboul, Anne  149
Ritchie, Graeme  21, 235

Sperber, Dan  28, 231

滝沢修  231
Tanaka, Keiko  iv

内田聖二  vii

Wilson, Deirdre  28, 68, 231

山口治彦（Yamaguchi）  231, 234
山梨正明  234
安原和也  234
Youngman, Henny  106
吉村あき子  iii
Yus, Francisco  230

Zegarac, Vladimir  iv

## 著者紹介

東森　勲　（ひがしもり　いさお）

現職: 龍谷大学文学部教授.
著書:『関連性理論の新展開: 認知とコミュニケーション』(研究社, 2003, 共著).
論文:「英語のジョークと川柳の笑いについて: 関連性理論による分析」(『言外と言内の交流分野: 小泉保先生傘寿記念論文集』大学書林, 2006, 507-523), "Understanding Political Jokes: Are There Any Rhetorical and Cognitive Characteristics?" (*Proceedings: Selected Papers on CD-Rom*, Rhetoric in Society, 2009, University of Leiden), "Questions on RELEVANCE" (*University College London Working Papers in Linguistics* 8 (1996), 112-124, Deirdre Wilson 氏と共著), "Relevance-Theoretic Objections to Levinson's GCIs" (*English Linguistics* 20.1 (2003), 225-251).
辞書:『英語基本形容詞・副詞辞典』(研究社, 1989, 共著),『プラクティカル・ジーニアス英和辞典』(大修館書店, 2004, 編集主幹),『ジーニアス英和辞典 (第4版)』(大修館書店, 2006, 共著).
翻訳書:『認知と社会の語用論──統合的アプローチを求めて』(ひつじ書房, 2010, 監訳, Jef Verschueren 原著).

---

龍谷叢書 XXII
### 英語ジョークの研究
──関連性理論による分析──

© 2011 Isao Higashimori
ISBN978-4-7589-2167-1　C3082

| | | |
|---|---|---|
| 著作者 | 東 森　　勲 | |
| 発行者 | 武 村 哲 司 | |
| 印刷所 | 東京電化株式会社／日之出印刷株式会社 | |

2011 年 11 月 21 日　第 1 版第 1 刷発行
2013 年 9 月 10 日　　第 2 刷発行

〒113-0023　東京都文京区向丘 1-5-2
電話　(03) 5842-8900 (代表)
振替　00160-8-39587
発行所　株式会社　開 拓 社
http://www.kaitakusha.co.jp

JCOPY <(社)出版者著作権管理機構　委託出版物>
本書の無断複写は, 著作権法上での例外を除き禁じられています. 複写される場合は, そのつど事前に, (社)出版者著作権管理機構 (電話 03-3513-6969, FAX 03-3513-6979, e-mail: info@jcopy.or.jp) の許諾を得てください.